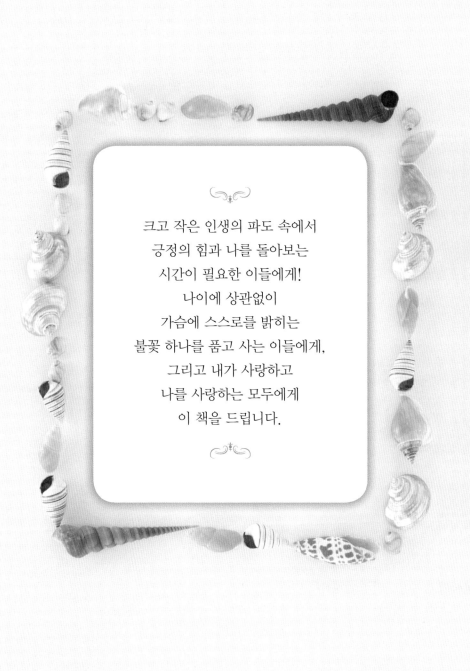

크고 작은 인생의 파도 속에서
긍정의 힘과 나를 돌아보는
시간이 필요한 이들에게!
나이에 상관없이
가슴에 스스로를 밝히는
불꽃 하나를 품고 사는 이들에게,
그리고 내가 사랑하고
나를 사랑하는 모두에게
이 책을 드립니다.

물속의 물고기도 목이 마르다

초판 1쇄 발행·2016년 05월 25일
초판 16쇄 발행·2020년 10월 10일

지은이·최윤규
펴낸이·이춘원
펴낸곳·책이있는마을
기   획·출판기획전문 (주)엔터스코리아
편   집·이경미
디자인·디자인오투
마케팅·강영길

주   소·경기도 고양시 일산동구 무궁화로120번길 40-14 (정발산동)
전   화·(031) 911-8017
팩   스·(031) 911-8018
이메일 ·bookvillagekr@hanmail.net
등록일 ·1997년 12월 26일
등록번호·제10-1532호

잘못된 책은 구입하신 서점에서 교환해 드립니다.
책값은 뒤표지에 있습니다.

ISBN 978-89-5639-250-9 (03320)

이 도서의 국립중앙도서관 출판예정도서목록(CIP)은 서지정보유통지
원시스템 홈페이지(http://seoji.nl.go.kr)와 국가자료공동목록시스템
(http://www.nl.go.kr/kolisnet)에서 이용하실 수 있습니다.(CIP제어
번호: CIP2016010677)

쉽고
단순하게
지혜로워지는
카툰

물속의 물고기도 목이 마르다

최윤규의 세상 그리기

책이있는마을

지난 10년간 석세스TV(www.successtv.co.kr) 세미나를 진행해 오면서 이 땅의 무수히 많은 지식인들, 연예인들, 유명인들을 만나 보았습니다.
한 분 한 분 만나 뵐 때마다 느낍니다.
'대한민국에 정말 인재들이 많구나!'

때로는 알려지지 않은 분들을 강사로 세우면서도 깨우칩니다.
'이 땅에 숨은 고수들이 정말 많구나!'

그리고 배웁니다.
모든 사람이 창조적이며 모든 사람에게 재능이 있다는 사실을.

동시에 놀랍니다.
그 뛰어난 재능을 모르고 사는 사람들이 대부분이라는 현실에!

자기의 재능과 장점을 알고, 도전과 모험을 하는 사람들.
내 속의 숨겨진 보물을 발견해 내는 사람들.
물론 소수입니다.
그러나 그 소수를 다수가 되도록 만드는 것!
꿈일까요?

우리 함께 나를 발견하러 내면으로 들어가 봅시다.

2016년 봄날에
최윤규

차 례

Chapter 1 인생, 그 숲을 바라보다

시선: 시선의 차이

에너지: 삶, 그 속의 열정

꿈과 사랑: 한계를 안다는 것

Chapter 2 생각의 장벽을 거두고 도전하라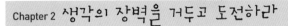

생각: 원하는 미래를 떠올려라

고난: 인생의 일부일 뿐이다

Chapter 3 기회는 준비된 자의 것, 세상을 설득하라

태도: 방향이 잘못되면 실패한다

목소리: 세상을 만나기 위한 무기

Chapter 4 실천 없이 변화도 없다

변신: 정말 소중한 것이 무엇인지 돌아보라

실행: 행동은 마음속의 두려움을 치료해 준다

Chapter 5 당신은 특별하다

마음: 말이 바뀌면 사고가 바뀌고 세상도 바뀐다

창조: 목표가 분명하다면 꿈은 이루어진다

CHAPTER

CHAPTER
1

인생,
그 숲을 바라보다

시선: 시선의 차이

감동

사무실에서 김밥을 시켜 먹다 보면 불편한 것이 한 가지 있다.
김밥을 썰 때 맨 끄트머리를 먹기 좋은 크기로 썰어 주면 좋을 텐데.
언제, 어떤 집에서 시켜도 끄트머리를 크게 썰어 온다.
고객이 먹기 좋게 써는 것이 아니라, 주방 아주머니가 자기 편하게 썰기 때문일 거라는 생각이 든다.

조금만 신경 쓰면 고객이 감동할 텐데…….

상식의 틀

IMF 때였다.

인천에 있는 어떤 중국집이 장사가 안 되자 전화기 5대를 새로 신청한 후 각 전화번호마다 서로 다른 상호로 스티커를 만들어 그 지역에 배포했다. 그 후 매출이 두 배 넘게 늘었다.

한 가지 재미있는 것은, 짜장면을 시켜 먹는 사람들 모두 다른 중국집에서 배달해 주는 줄 알고 있었다는 것이다. "역시 중화루가 더 맛있어! 아냐, 소림사 자장이 더 맛있어."라고 하면서.

상식의 틀을 깨면 돈도 벌린다!

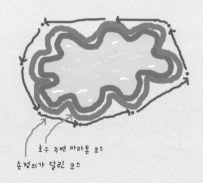

호수 주변 마라톤 코스
손정의가 달린 코스

소프트뱅크 손정의 사장이 학창 시절 때의 일화다. 학교에서 마라톤 대회가 벌어졌는데 모든 학생들이 호수 주변을 따라 정해진 코스를 달리고 있었다. 처음 한 바퀴를 달려 본 손정의는 곡선으로 달리는 것보다 직선으로 달리는 것이 보기에는 더 멀어 보여도 실제는 더 짧은 거리임을 알았다.

그날 손정의는 1000명의 학생 중 10등을 했다.
상식의 틀을 깨면 달리기도 잘한다.

없던 창의력이 순식간에 만들어지지 않는다.
노력하고 준비해야 한다.

관계 우선의 법칙

일주일 내내 쉬지 않고 일만 하는 사람!

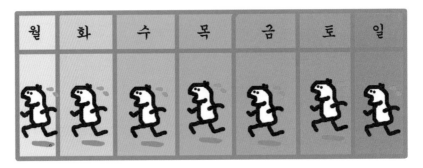

일주일에 이틀을 쉬면서 계획을 짜고 장기적인 준비를 하는 사람!

빌 비숍은 어린 시절 집 근처 호수에서 돈을 받고 사람들을 실어 나르는 일을 하는 두 사람, 론과 밀턴을 보면서 자랐다. 낡아 빠진 보트와 불편한 서비스는 똑같았으나 한 가지 차이점이 있었다.

론은 하루도 쉬지 않고 일을 했고, 밀턴은 일주일에 이틀을 쉬었다.
론은 밀턴의 손님까지 차지하며 이틀 동안 더 많은 돈을 벌었다.
하지만 밀턴은 쉬는 이틀 동안 더 좋은 배를 만드는 작업을 했고, 고객의 욕구를 충족시키기 위한 고민을 했다.
3년 후 밀턴은 새 보트로 사업을 독점했고, 론은 일자리를 잃었다.

두 사람의 모습에서 교훈을 얻어 빌 비숍은 관계 우선의 법칙을 창안했으며, 세계적인 비즈니스 전략가로 성장하였다.

휴대전화를 한 시간도 꺼두지 못하고, 쉴 새 없이 메일을 확인하는 당신은 쉼을 아는가?

관점의 차이

모아 둔 자료를 정리하다가 2000년에 일본에서 나온 아이디어 상품을 보고 새삼 다른 각도에서 사물을 본다는 것에 대해 생각해 보았다. 실제 일본에서 '6일 팬티'라는 이름으로 불티나게 팔린 이 제품의 광고 문구를 보면 더 기발하다.

- 돌려가며 6일을 입을 수 있다.
- 전자레인지 발명 이후 최고의 시간 절약형 제품이다.

전혀 팔리지 않을 것 같은 이 제품이 '6개월의 보증기간'이라는 안내하에 재고 확보가 어려울 정도로 팔려 나갔다니, 사람들의 취향이 참 다양하다.

사물을 보는 관점을 바꾸면 삶이 즐거워진다.

난 단추를 잠글 때 아래에서 위로 잠근다. 반대로 아내는 위에서 아래로 잠근다.
그러면서 나에게 "왜 단추를 반대로 채워요?"라고 묻는다.
이처럼 사람은 누구나 자기 방식이 옳다고 생각한다.

아들 녀석이 도서대여점에서 만화책을 빌려 왔다. 그런데 1권부터 순서대로 빌려 온 것이 아니라 15권, 18권, 22권 식으로 무차별적으로 빌려 왔다.

"처음부터 순서대로 봐야지. 다음엔 1권부터 빌려 와라."
"왜요, 아빠? 난 이것부터 보고 싶은데. 보고 싶은 것부터 보면 안 되나요?"
"……!"

세상을 살다 보면 내가 알고 있는 지식과 순서가 다를 때도 있다.

세상이 정해 준 순서대로 살면서 하고 싶은 일을 못하는 것보다, 내가 하고 싶은 일을 내가 하고 싶은 순서대로 하면서 사는 것도 복 받은 인생이 아닐까?

가끔씩 다른 관점에서 사물을 보는 연습을 해 보자.

똑같은 사물도 다른 각도에서 보는 훈련을 하면 좀 더 여유로운 인생을 살 수 있다.
관점이 바뀌면 사물도 새롭게 느껴진다.

당신이 찾는 해답이 쉬운 곳에 있을 수도 있다.

방구냄새
저장팬티

다름의 문제

나에겐 성격이 전혀 다른 두 친구가 있다.

전자제품을 구입한다고 했을 때, 한 친구는 용산전자상가를 하루 종일 돌아다니며 가격 비교를 한다. 그중 가장 싼 가격을 제시한 매장에서 물건을 구입한다. 참 현명한 친구다!?

다른 한 친구는 매장 주인이 얼마를 부르든지 그 가격을 지불하고 물건을 산다. 내가 몇 번 그런 모습을 보고는 "왜 넌, 매번 바가지 써 가며 물건을 구입하니?"라고 물어보았다. 조금만 발품을 팔면 훨씬 싸게 살 수 있는데 답답하게 느껴졌다. 친구 놈이 대답했다.

"우리가 살다 보면 운 좋은 날도 있고, 소위 땡잡는 날도 있지. 그 가게 주인은 오늘 나에게 물건을 팔면서 '바보 같은 놈 만났네.'라며 바가지 씌우려고 생각했을 수도 있다. 그냥 그렇게 놔두지 뭐! 대신 그 주인이나 점원은 오늘 하루 종일 기분이 좋지 않겠니. 1년에 바가지 씌울 날이 몇 번이나 될까? 내가 그중 한사람이 되었다고 생각하지 뭐!"

참 바보 같은 친구다?!

두 친구를 보면서 '어떤 것이 인생을 바르게 사는 것인가, 틀리게 사는 것인가'에 대해서는 논하지 않기로 했다. 다만 서로가 다른 가치 기준을 가지고 자신의 삶에 적용하는 차이는 인정키로 했다.

옳고 틀림의 문제가 아니라 다름의 문제이기 때문이다.

당신이 남한테 얼마나
잘 속는지 알아보고 싶으세요.

그럼 아래 번호로
전화 주세요.
(발신인 부담입니다.)
5초에 3000원

080-123-1234

특권

둘째 원호가 다섯 살이었을 때 가끔씩 "아빠, 똥꼬 닦아 주세요."라고 부탁을 해왔다. 가까이 있는 제 엄마가 닦아 주려고 하면 꼭 아빠가 닦아야 한다고 우겨서, 냄새나는 똥꼬를 닦아 주었지만 기분은 왠지 좋았다.

아들 녀석의 똥꼬를 닦아 주면서 사랑에 대해 생각해 보았다.
먼저, 남이 보아선 하찮은 것이지만 자신에게 소중한 것을 내어놓는 것이다(아빠에게 똥꼬 닦을 특권을 주듯이……).

둘째, 사랑하는 사람에겐 자신의 가장 쑥스러운 치부나 비밀을 있는 그대로 드러내는 것이다.

셋째, 성장함에 따라 사랑의 표현 방식도 변해야 한다는 것이다. 성인이 되어서도 아빠에게 똥꼬를 내밀 수는 없지 않는가?

당신은 오늘 사랑하는 이에게 어떤 특권을 주었습니까?

다른 생각

똑같은 사물을 보고도 사람들은 각자 다르게 생각한다.
결국 인간은 자신이 생각하고 있는
범위 안의 일밖에 할 수 없다.

부채 선풍기

여름이 지난 8월 말이었다. 어느 지하철역에서 두 명의 잡상인을 보았다. 한 사람은 여름이 끝나 가는 무렵이라 한 개 1000원 받던 부채를 두 개 1000원에 팔고 있었다. 다른 한 사람은 여름 내내 사용했던 선풍기를 보관할 수 있는 커버를 한 개 2000원에 팔고 있었다.

...부채 2개 1000원...

...선풍기 커버..
..1개 2000원...

www.001.net

누가 더 많이 팔았을 것 같은가?
......
당신 생각이 맞았다.

부부싸움

아내와 사소한 문제로 부부싸움을 하다가 한마디 했다.
"애들이 보면 웃겠다, 웃겠어⋯⋯!"

그때 방 안에서 나온 큰아들 놈이 이렇게 말했다.
"아빠 진짜 웃겨요!"

당신은 자녀와 운동 시합할 때 반드시 이기는가?
자녀와 게임할 때 반드시 이기는가?
자녀와 팔씨름할 때 반드시 이기는가?

......

그런데
왜 아내와 부부싸움을 할 때는 꼭 이기려고 하는가?
가정의 머리는 아내가 아니라 당신임을 기억하라.

때로는 지는 것이 이기는 것이다.

거짓말과 아버지

아내와 얘기하는 옆에서 두 아들 녀석이 맛있다며 생선을 먹고 있었다.

이제 제법 거짓말이 느는 걸 보면 나도 아버지가 되어 가나 보다.

상식 밖의 이야기

둘째아들과 집 뒷산에 올라갔을 때였다. 산 정상에서 가지고 간 음료와 빵을 먹고 나서 남은 빵 부스러기를 개미들이 모여 있는 곳에 뿌려 주었다.

"원호야, 개미들이 빵가루를 보고 무슨 생각을 할까?"
"이야~! 하늘에서 빵가루가 떨어진다고 하겠지요."
"'살다 보니 이런 횡재가 다 있네.'라고 할까? 그리고 친구들에게 가서 하늘에서 빵이 떨어진다고 하면 친구들이 믿어 줄까?"

당신은 당신의 친구가 찾아와서
당신이 알고 있는 상식 밖의
이야기를 하면
믿습니까, 안 믿습니까?

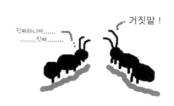

오물 한 방울

오물 한 방울이 물 컵 속에 떨어지면 물 컵의 물은 못쓰게 된다.
그러나 같은 오물이 바다에 떨어지면 바다는 아무렇지도 않다.

고난과 감당하기 힘든 어려움이 찾아왔는가?
그렇다면 싸워 이기려고 하다가 좌절하거나 낙심하지 마라.
내가 먼저 성장하면 된다. 고난보다 커지면 된다.

생쥐에게 1cm의 상처는 생명을 위협한다.
그러나 코끼리에게 1cm의 상처는 아무런 느낌조차 주지 않는다.

스스로 자신을 작게 여기고 열등감에 빠지지 말아야 한다.
시험의 크기는 누구에게나 비슷한데 내가 작아지니까 문제
가 크게 보일 뿐이다.

회사는 사장의 크기만큼 성장한다.

고난이 닥쳤을 때 어떻게 하십니까?

자신과의 싸움

일본의 애니메이션 거장 미야자키 하야오는 세계를 보는 눈에 대해 이렇게 말한다.

"하늘을 날면 자신이 살고 있는 공간을 실감할 수 있습니다. 항상 똑같은 시선으로 보면 세계는 변하지 않습니다. 칭칭 얽매여 있는 것으로, 흔들리지 않는 것으로, 자신의 힘으로는 어떻게 할 수 없는 것으로 보일 뿐입니다. 그렇지만 시점을 바꾸면 세계는 좀 더 유연해지고, 받아들이는 사람에 따라서 갖가지 모습을 보여 준다는 것을 알게 됩니다."

오늘 시선을 바꾸어 보라.

1990년 독일 마라톤 대회 때 아디다스도 스포츠용품 회사로서의 이미지를 높이기 위해 홍보에 뛰어들었다. 그러나 공식 스폰서는 나이키였기 때문에 아디다스는 접근 방법을 달리하였다.

그때까지의 스포츠 광고는 타인과의 경쟁이나 시간과의 경쟁에 초점이 맞춰져 있었다. 아디다스는 이를 재해석한 후, 가장 힘든 상황에서 자신과 싸우는 최고령 노인을 후원하기로 하고 광고의 주제를 자신과의 경쟁으로 잡았다.

덤벼!

"마라톤은 타인과의 싸움이 아니라 자신과의 싸움입니다. 아디다스는 이 노인이 자신과의 싸움에서 승리할 수 있도록 도와 드리겠습니다. 그것이 스포츠 정신입니다. 아디다스!"

이 광고로 아디다스는 적은 비용으로 대중의 관심을 사로잡았다.

당신의 시선을 바꾸어 보라.

뒷모습에도 내가 있다

'아무도 안 보겠지.'라고 생각하는 곳에서 누군가 나를 지켜보고 있음을 간혹 느낀다.

예전에 직장 생활을 할 때 '저분은 나에게 관심이 없구나.'라고 스스로 판단하고 있는데, 어느 날 가까이 다가와 따뜻한 말투로 "그동안 지켜보았는데 무척 성실하더군요."라고 말해서 깜짝 놀랐던 적이 있었다.

스턴트맨이자 무술감독인 정두홍은 자신이 아무리 열심히 해도 얼굴이 화면에 나오지는 않지만 항상 최선을 다했다고 한다.

"뒷모습에도 감정이 있습니다."

그가 하는 이 말에서, 보이지 않는 곳에서도 최선을 다한다는 것이 어떤 의미인지 깨닫게 된다.

오늘도 누군가 당신을 지켜보고 있다!

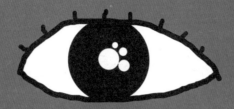

"왜 자꾸 따라다니니?"

미래를 보는 눈

당구나 포켓볼을 하면서 "왜 벽으로 치니?"라고 말하는 사람들은 대부분 초보다. 길이 보이지 않기 때문이다.

예전에는 회사나 큰 건물 또는 상가에는 사람들이 퇴근한 후 경비원이 밤새 상주하고 있었다. 사람이 지키는 것이 가장 안전하다고 생각했기 때문이다. 그런데 일본의 경비 회사인 세콤은 기계화된 컴퓨터를 이용한 경비 사업을 창안했다. 경비원 없이 경비를 하는 것은 '미친 짓'이라며 모두들 반대했다. 그러나 지금은 어떻게 되었나?

미래를 보는 눈을 가지고 있지 않은 사람들이 그것을 알기까지 마냥 기다릴 수는 없습니다.

에너지: 삶, 그 속의 열정

당신의 강점

영화 〈애나 앤드 킹〉에서 조디 포스터는 주윤발에게 병 속에 삶은 달걀을 집어넣는 방법을 가르쳐 준다.

한번 해 보라. 힘으로는 할 수 없다.

미국 메이저리그의 84년 묵은, 한 시즌 최다 안타(257개) 기록을 깨뜨리고 262개라는 신기록을 수립한 야구선수 스즈키 이치로는 인터뷰할 때 자신의 기록 달성의 요인을 이렇게 말했다.

"나는 힘으로 공을 멀리 보낸다고 생각하지 않았습니다. 그것은 밸런스와 자신의 몸을 어떻게 이용하는지에 달렸습니다."

힘으로는 할 수 없다.
먼저 내가 가지고 있는 것은 무엇인지, 내 재능은 무엇인지를 바로 알아야 한다.
우리 회사가 가지고 있는 것은 무엇인지, 우리 회사의 강점은 무엇인지 바로 인식하고 그 강점에 집중해야 한다.

스즈키 이치로도 홈런을 치겠다고 힘으로 밀어붙였다면 오늘의 영광은 없었을 것이다.

한번 도전해 보라. 힘으로는 절대 할 수 없다.

그러나 병 속에 촛불을 켜 두면 삶은 달걀이 빨려 들어간다!

인정받는다는 것

집 앞 빌라에 할머니 한 분이 주차장에서 강아지를 키운다. 대부분의 강아지들은 종류에 관계없이 귀엽다는 생각이 드는데, 이 강아지는 처음 보는 순간부터 불쌍하다는 생각이 먼저 들었다. 동네 아이들도 짓궂게 대해서 그런지 강아지가 항상 힘이 없고 위축되어 보였다. 난 두 아들을 불러 놓고 말했다.

"너희들은 이제 그 강아지를 사자라고 불러라."
"왜 강아지 보고 사자라고 불러요?"
"볼품없는 강아지지만, 너희라도 사자처럼 대접해 주면 기분이 좋지 않겠니?"

사자라고 부르기엔 어째...

멍멍...

누군가 당신을 사자처럼 인정해 주는 사람이 있습니까?

내면 갉아먹기

혼다자동차 혼다 소이치로 회장은 "많은 사람들이 성공을 꿈꾼다. 나에게 성공이란 계속되는 실패와 자기반성을 통해 얻어진 것일 뿐이다. 사실, 성공이란 당신의 일에서 단지 1%의 비율로 존재할 따름이다. 99%는 실패라는 이름으로 불린다."고 했다.

실패란 내가 대하는 태도에 따라 긍정적이 될 수도 있고, 부정적으로 될 수도 있다.
당신 내면을 갉아먹는 것은 당신 자신이다!

고난의 골짜기

1998년 외환 위기 당시 전 재산을 잃고 서울역에서 노숙 생활을 하던 강신기 사장은 새벽 인력시장을 통해 품팔이를 하면서도 재기의 희망을 잃지 않고 있었다. 어느 날 그는 '스케이트보드에 네 바퀴 대신 두 바퀴만 달면 어떨까?'라는 생각이 떠올랐다. 이후 그 생각은 특허출원과 동시에 '에스보드'라는 이름으로 출시되었고, 레포츠 용품의 히트 상품이 되었다.

산에는 정상과 골짜기가 있듯이 인생에도 정상과 골짜기가 있다. 고통·고난의 골짜기에서 우리는 정상에서 배울 수 없는 것들을 배울 수 있다. 이보다 더 낮아질 수 없다는 여유가 생긴다.

시험을 피하지 말고 맞서 싸워야 한다.
무너진 자리에서 새롭게 출발하여야 한다.
고난은 당신을 강하게 만든다!

내 자존심을

끄집어내었습니다.

구겨진 상처를 다리미로

깨끗이 다렸습니다.

내일은 힘차게 다시

일어설 것입니다.

실력 있는 리더

인천상륙작전의 영웅 맥아더 장군은 학창 시절 사고를 당해 시험을 치르지 못하자 교수님이 그의 평소 실력을 인정해서 B학점을 주셨다. 그러나 그는 교수님을 찾아가 시험을 치게 해달라고 부탁하였다.

"교수님, 저는 동정의 B보다는 실력으로 A를 받고 싶습니다."

실력 있는 자만이 큰일을 할 수 있다. 실력을 얻기 위해선 대가를 치러야 한다. 작은 일에도 끝까지 충성해야 한다. 사람들에게 영향력을 끼치는 모범된 삶을 살아야 한다.

삶의 모습으로 보여 주는
실력 있는 리더가 되라!

맥아더는 텅 빈 강의실에서
혼자 시험을 보았다.

윤규

Who are you?

하버드 대학교 출신 미국인 수도자 현각 스님은 이렇게 말했다.

**"많은 지식을 머리에 담고 있는 사람들이 정작 자기 자신을 모른다는 사실,
이 얼마나 흥미롭고, 나아가서는 무서운 상황인가?"**

당신이라는 존재의 본질은 무엇인가?

창의력

초등학교 4학년 때로 기억한다.

미술 시간에 자기가 그리고 싶은 것은 어떤 것이든 그려 보라고 선생님이 말씀하셨다. 친구들은 모두들 사자, 자동차, 농촌 풍경, 비행기 등을 그리느라 분주했다. 난 도화지를 노랗게 칠했다. 그리고 검은색으로 가늘게 줄 세 개를 휙 그렸다. 5분도 채 걸리지 않았다. 다 그렸다고 그림을 제출하자 선생님이 물으셨다.

"이게 뭐니?"

"오늘 아침에 방바닥에 떨어진 제 머리카락이요."

선생님은 껄껄 웃으시더니 머리에 군밤 한 대를 놓는 시늉을 하셨다. 만약, 그때 선생님이 야단을 치셨거나 다른 아이들처럼 풍경이나 동물을 그리라고 하셨다면, 난 평생 고정관념의 틀을 벗어 버리지 못하고 살아가게 되었을 것이다.

제목: 머리카락

장소를 회사로 옮겨 보자.

당신은 직원의 창의력을 개발하는 관리자인가, 억누르는 관리자인가?

《해리 포터》는 1997년 영국에서 출판될 때까지 모두 아홉 개 출판사로부터 거절당했다. 일본에서는 사장과 직원 한 명의 초미니 회사에서 판권을 확보하여 대박이 났다. 국내 출판사인 문학수첩의 김은경 사장이 대리 시절 영문으로 된 《해리 포터》를 보고 기획안을 경영진에게 제출했으나 퇴짜 맞았다. 모두 다섯 번을 퇴짜 맞았으나 그녀는 경영진을 설득했다. 1999년 《해리 포터》는 국내에 출판되어 베스트셀러가 되었다.

대부분의 직원은 세 번 정도 퇴짜 맞으면 다시는 아이디어를 내지 않는다.

실패에 관대하고 자유롭게 의견을 내놓을 수 있는
분위기를 만들라.
한 명의 직원이 회사 운명을 바꿔 놓을 수도 있다.

목마르다

스님 한 분이 "물속의 물고기가 목말라 한다는 말을 듣고 나는 웃는다."고 했다.

때때로 우리는 바로 옆에 해결책을 놓아두고 멀리 찾아 헤매곤 한다.

사람들은 누구나 각자 목말라 하는 것이 있다.
돈에 목말라 하는 사람은 돈으로, 사랑에 목말라 하는 사람은 사랑으로, 권력에 목말라 하는 사람은 권력으로 채워지게 되어 있다.

목말라 하는 만큼 노력할 것이고, 간절히 원하는 만큼 최선을 다할 것이다.

이때 한번 돌아보자.

'지금 나는 무엇에 목말라 하는가?'

비교의식

심리학자 칼 융은 말했다.
"비교의식만 버릴 수 있다면 우리 사회의 범죄와 자살,
우울증 같은 고질적인 병폐들을 쉽게 고칠 수 있다."

비교의식을 고칠 수 있는 방법은 하나밖에 없다.
감사하라!

당신이 가진 것 중에서 감사할 것들이
얼마나 많은지 찾아보라.

오늘 내 마음속에서 또
비교의식이 헤엄을 친다.

가장 소중한 선물

세상에서 가장 소중한 선물은 바로 지금이다.

너 혼자 뭐하는 거니?

지금 이 순간을 붙잡는
연습을 하고 있어요!

인생도 1회용

1회용은 무조건 쓰고 버려!
종이컵, 쓰고 버려!
한 시간은, 음…… 쓰고 버려!
하루는, 그것도 1회용이야. 쓰고 버려!
한 달은, 쓰고 버려!
1회용이니까 막 쓰고 버려!

……

어! 인생도 1회용이네!

나는 누구인가?

영화 〈올드보이〉에서 최민식은 자신을 감금한 상대에게서 걸려 온 첫 전화에 이렇게 반응한다.
"누구냐, 넌?"

당신은 누구인가?
내가 누구인지 바로 아는 것이
앞으로 내가 무엇을 할지를 결정한다.
어떻게 살지를 결정한다. 내 남은 인생을 결정한다.

나는 무엇과 가장 많이 접촉하는가?
오늘 내가 접촉하는 것이 나를 결정한다.

애덤스는 "우리는 전화 없이, 자동차 없이 활동을 중단하고 잠시 동안이라도 인생이 무엇이며 왜 살고 있으며 우리가 진정으로 무엇을 원하는지 곰곰이 생각해 보아야 한다."고 했다.

이제, 내 안의 소리를 듣는 시간을 가져 보자.

자기 사랑

삼성 이건희 회장이 일본인 기보가 작성한 보고서를 받았다.

'직원들에게 드라이버, 부품, 측정기 등을 쓰고 제자리에 놓으라고 지난 10년간 얘기했지만 아직도 변함이 없다. 공구를 찾는 데 몇 시간 걸리고, 측정기는 고장이 나도 아무도 고치지 않는다. 이제 내 한계를 넘었다.'

이렇게 된 이유가 무엇인 것 같으냐고 임원들에게 물었다.
"처벌 규정이 약하기 때문입니다.", "책임 의식이 없기 때문입니다."라고 임원들은 대답했다.

그 얘기를 듣고 이건희 회장은 말했다.
"자기 자신을 사랑하지 않기 때문입니다."

자기가 존중받으려면 남을 먼저 존중해야 한다.
남을 위해 정리를 하지 않는 것은 곧 자기 학대며, 정리정돈 속에는 인간 존중 의식이 깔려 있는 것이다.

내게 있는 진정한 가치를 알면
자신을 사랑하게 된다.
자기 안에 진짜를 가지고 있는 사람은
남에게 상처 주지 않는다.
사랑을 심으면 사랑을 거둔다.

과거라는 족쇄

과거에 묶여 있지 마라.
과거의 경험으로 미래를 예측할 수 있어야 한다. 그래야 비전이
생긴다.

미래산업의 창업자 정문술은 43세에 본인 의사와 상관없이 공
직에서 물러났다. 퇴직금 절반을 투자한 회사는 사기당하고 이
름뿐인 대표직만 떠안았다. 그는 주저앉지 않고 거기에서부터
다시 시작했다.

목표에 장애가 있어도 실패에 절망하지 말고 다시 일어나라.
오늘은 어제의 모든 행동을 능가해야 한다.
다른 사람들의 업적보다 앞서는 것은 중요하지 않다.
나 자신의 업적을 능가하는 것이 중요하다.

과거가 당신의 운명을 지배하도록 내버려 두지 마라.
과거는 절대 변하지 않는다.
오늘 나의 행동을 바꿈으로써 미래를 바꿀 수 있다.

흘러간 물로는 물레방아를 돌릴 수 없다.

염려의 탄생

염려란 배워서 하는 것이지
태어날 때부터 저절로 할 줄 아는 것이 아니다.

직장도 잃고 집도 은행에 넘어가게 된 어떤 사람이 친구와 이런 이
야기를 나누었다.
"난 이제 염려 안 해도 돼."
"아니, 어떻게 염려를 안 할 수 있지?"
"염려를 대신해 줄 사람을 고용했거든."
"기막힌 생각이군. 그런데 그 사람 고용하려면 돈이 얼마나 드나?"
"1년에 3000만 원 정도."
"자네, 직장도 없는데 그 돈을 어떻게 마련할 생각인가?"
"헉! 큰일이군!"

염려란 후천적 습관이다.
어린아이들은 부모의 염려를 물려받는다.
염려한다고 상황이 바뀌는 것은 아니다.
그 시간에 몸을 움직여라. 행동하라.
그리고 현재 남아 있는 것에 감사하라.

역발상

식당에서 나오자마자 친구는 바로 껌을 씹기 시작하였다.
"왜 씹니?"라고 물었더니 "응, 냄새나지 말라고."라고 말했다.

순간적으로 냄새나지 않게 하려고 껌을 씹는다면 반대로 냄새를 나게
하려고 씹을 수도 있겠다는 생각이 들었다. 그래서 이런 제품을 생각해
보았다.

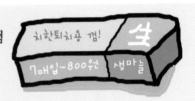

치한 퇴치용 - 마늘 냄새 나는 껌
여성 전용 - 입 냄새 죽입니다!

허풍 떨기 좋아하는 당신을 위해
- 위스키 냄새 나는 껌! 딱 한 잔 껌!
소주를 마셔도, 막걸리를 마셔도 OK!
언제나 당신에게선 비싼 위스키 냄새가~

자일리톨 껌을 플라스틱 용기에 담아 히트시킨 롯데제과의 팀장은 말한다.

"당시만 해도 껌을 플라스틱 용기에 담아서, 그것도 비싸게 판다는 것은 상상할 수 없는 모험이었다."

발상의 전환이 성공의 지름길이다.

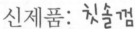 신제품: 칫솔껌

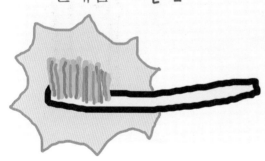

식사 후, 잠자기 전에
통째로 씹으시면 됩니다.
색다른 맛을 원하실 땐
치약껌을 살짝 발라 보세요!!

꿈과 사랑: 한계를 안다는 것

같은 하늘 아래

사람들은 모두들 같은 하늘 아래서 살고 있는데,
바라보고 있는 하늘 높이는 모두 다르다.

내 인생에서
밝은 세상은 없어.

머리를 들어 위를 보세요!

무(無)에서 출발한 부자는 없다

고등학교 시절 해외 유머에서 '돈 없이도 사는 방법 – 한 권 3달러'라는
글을 읽고 혼자서 엄청 웃은 적이 있었다.

세계적인 화장품 회사 에스티 로더를 만든 에스티 로더는 가끔씩 언론에서 '에스티 로더는 무에서 부를 창조해냈다.'라는 기사를 접하곤 한다. 그때 그녀는 그 주장이야말로 잘못되어도 한참 잘못되었다고 말한다.

"어떤 사업가든 아무것도 없는 무에서 출발할 수는 없는 일이다. 만일 자신의 사업을 시작하고자 한다면, 돈을 저축하거나 자신에게 돈을 빌려 줄 수 있는 사람을 알고 있든가 해야 한다. 물론 큰 자금이 필요하지는 않겠지만, 첫 번째로 꼭 필요한 것을 살 자금은 필요한 것이다. 그 누구도 무일푼에서 꿈을 꾸거나 무에서 출발해서 부자가 될 수는 없는 것이다."

내려놓아야 할 때

아테네 올림픽 탁구대표 선발전에서 김택수는 1위를 하였다. 그날 밤 그는 많은 고민을 하였다.

'유승민이 남자 단식에 나갈 경우 입상 가능성은 높을까? 또 난 어떤가? 이번 기회를 놓치면 앞으로 올림픽 출전은 사실상 불가능하다.'

다음 날 김택수는 올림픽 출전권을 반납하고 유승민의 코치를 자청했다. 그리고 유승민은 남자 단식에서 올림픽 금메달을 획득하였다.

김기덕 감독의 영화 〈봄여름가을겨울 그리고 봄〉에 이런 대사가 있다.

"인생에선 가진 것을 놓아야 할 때가 있다."
"내가 좋은 것은 남들도 좋아한다는 것을 왜 모르는가?"

삶에 있어서 때때로 자신의 욕심을 뒤로하고 가진 것을 내려놓아야 할 때가 있다.
그때를 놓치면 평생 후회할 수도 있다.

당신이 지금 움켜쥐고 있는 것이 무엇인지 자세히 들여다보라.

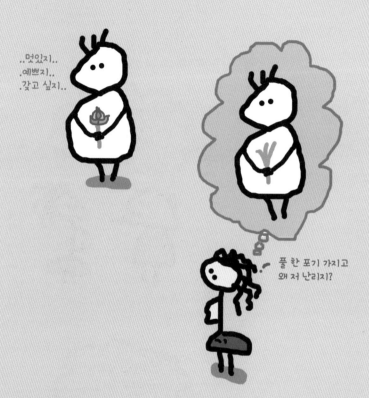

어떤 사람의 장미꽃이 다른 사람에게는 잡초일 수도 있다.

네 꿈은 뭐니?

네 비전은 뭐니? 네 꿈은 뭐니?

난 그것이 궁금해.

난 누구지?

난 뭐지?

한계를 안다는 것

정주영 회장이 대한체육회장 자리를 거절하자 대통령이 "자리가 낮아서 그런 겁니까?"라고 물었다. 정주영은 대답했다.

"그건 대통령께서 내 성격을 잘 몰라 그러시는 건데, 나라는 사람은 평생 자리가 높고 낮은 것에 대해서 생각하며 세상을 산 적이 없소. 내가 할 수 있을 때 그 일을 맡지, 내가 맡는 것이 다른 사람이 맡는 것보다 좋지 않을 때는 그런 일을 맡아 본 적이 없습니다."

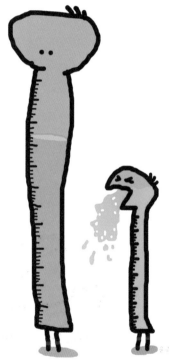

자신의 한계를 분명히 아는 리더,
리더십의 필수 조건은 자기의 한계를 아는 것이다.

끝없는 고민, '왜?'

반다이사 직원 아키는 TV에서 어린이가 거북이를 유치원에 데려가고 싶어 하는 모습을 보고 '왜일까?'라고 고민하기 시작했다.
'거북이는 꼬리 치지도 않는다. 동작도 느리다. 쓰다듬어 줄 수도 없다. 재미도 없다. 그런데 왜 좋아할까? 왜?'
'인형과 다른 점은 단지 살아 있다는 점 하나뿐이다.'
'그래, 그럼 어린아이와 이야기하는 작은 컴퓨터를 만들자!'

이렇게 하여 태어난 제품이 전 세계적으로 선풍적 인기를 끈 '다마고치' 였다. 반다이사는 엄청난 매출을 올렸다.

아키와 같은 끝없는 '왜'가 회사의 운명을 바꾼다.

대기만성! 천만에!
입사 후 최초 3년 동안 벌어진 격차는 평생 따라잡을 수 없다.

비전

리더는 직원들에게 열심히 회사의 미래와 비전을 설명한다. 그러나 받아들이는 사람의 마음이 열려 있지 않으면 한낱 잔소리에 불과하다. 내가 먼저 비전에 동참해야 한다.

똥, 오줌이 물속에 들어가면 물을 오염시킨다.
같은 똥, 오줌이 흙 속에 들어가면 거름이 된다.

나는 어떤 사람입니까?
조직의 오염물입니까, 아니면 거름이 되는 사람입니까?

무인도 벤처

어느 성공한 벤처기업가가 태풍으로 바다에 표류하다가 무인도에서 15년을 혼자 살았다. 마침내 15년 만에 극적으로 지나가는 배에게 발견되어 구조될 수 있었다.
선원들이 보트를 타고 가 무인도에 상륙하여 이 남자를 데려오려는데 이상한 장면을 보았다. 무인도에 오막살이 세 채가 나란히 자리하고 있는 것이었다. 한 선원이 호기심이 발동하여 물어보았다.

"아무도 없는 이곳에서 혼자 살면서 무엇 때문에 저렇게 집은 세 채씩 지어 놓은 겁니까?"

그러자 그 사나이가 대답했다.
"맨 왼쪽에 있는 것은 제가 사는 집이고요, 가운데 있는 것은 제가 만든 벤처기업입니다."

같이 있던 선원들은 이 사나이의 도전정신에 감동했다. 그리고 물었다.
"그럼 저 오른쪽에 있는 나머지 집은 무엇에 쓰던 겁니까?"

그러자 남자가 대답했다.
"아, 저거요. 저건 경쟁업체입니다."

어떤 환경이 주어지더라도 사업은 할 수 있다.

뭐하게요?

일요일에 교회 갈 때, 탈북하여 한국에 정착한 남매를 차에 태우고 다닌 적이 있었다. 오빠가 6학년, 여동생이 2학년이었다. 하루는 차를 타고 가면서 여동생에게 물었다.

"요즘 무슨 책 보니?"

"《백설공주》 보았어요."

"그래 재미있던?"

"예."

"읽어 보니까 백설공주가 되고 싶지?"

"……."

한참을 아무 말 않고 있던 여자애가 나에게 되물었다.

"백설공주 되어서 뭐하게요?"

"헉!"

차 안에서 여러 생각이 떠올랐다.

'부자가 되어서 뭐하게요? 성공해서 뭐하게요? 권력 잡아 뭐하게요? …… 뭐하게요? …… 뭐하게요?'

그러게, 난 뭐하려고 살지?

내 안의 재능

여기저기 구멍만 파다가 엉망이 된 자신의 모습에 실망한 적 없는가?

독일의 고고학자 하인리히 슐리만은 어린 시절 호메르스의 〈일리아드〉를 읽고 트로이에 매료되었다. 그는 트로이가 전설이 아니라 꼭 존재할 것이라고 믿었다.

"내가 찾아내고야 말겠어."

그는 꿈을 이루기 위해 먼저 돈이 필요함을 깨달았다. 돈을 버는 목적이 생겼다. 충분한 돈을 번 후 마흔네 살이 되어서야 고대사 연구를 시작했다. 그리고 마침내 그는 트로이의 존재를 밝혀냈다.

먼 곳에서 보물을 찾지 말자.
먼저 자기 안에 묻혀 있는 재능을 발견하자.

"파다가 그만둔 그 자리에
보물이 묻혀 있다."

감추고 싶은 무언가

30대 초반, 동기들보다 늦게 결혼한 친구의 집에 갔을 때였다.
장롱 위에 비디오테이프가 있기에 "이게 무슨 영화냐?"고 물었다.
그러자 친구 놈이 얼굴이 빨개지며 다른 곳에 감추려고 애를 썼다.
나는 "이리 줘 봐."라며 그 비디오테이프를 빼앗아 표면에 제목을 달아
주었다.
그리고 눈에 잘 띄는 화장대 위에 비디오를 올려 두고 말했다.
"이젠 아무도 안 볼 거야!"

내가 적어 준 비디오 제목은 〈남북경제와 통일론〉이었다.

사람은 누구나 감추고 싶은 것이 있다.

애플컴퓨터의 스티브 잡스가 애비 터배니언을 해고할 때 돈을 한 푼도
주려고 하지 않았다. 그때 애비는 고민했다.
'내가 스티브보다 더 많이 가지고 있는 게 뭘까? 그게 뭐든 그가 모르는
걸 내가 가지고 있다면 내가 유리한 거야!'
그녀는 허세를 부리며 스티브에게 이렇게 말했다.
"나는 하루에도 수십 번 기자들과 만납니다. 그들은 내게 늘 이렇게 묻
죠. 대체 스티브는 실제로 어떤 인물이지요?"라고.
스티브는 즉시 그녀에게 2만 5000달러를 지불했다. 그리고 얼마 지나
지 않아 그녀를 고용하기 위해 애썼다.

영화 〈범죄의 재구성〉을 보면 마지막 장면에서 여주인공의 목소리가
잔잔히 흐른다.
"사기는 심리전이다. 그 사람이 뭘 원하는지, 뭘 두려워하는지 알면 게
임은 끝이다."

인생도 마찬가지고, 사업도 마찬가지다.
내가 상대방보다 더 가진 것은 무엇인가?
경쟁 회사가 알면 안 되는 우리 회사의 약점은 무엇인가?

아는 것부터

운명은 정해진 것이라고 생각하는 사람은 이 글을 볼 필요가 없다.
자, 이제 시나리오 작가가 되어 당신의 일생을 만들어 보라.
운명은 개척하는 것이다.

건축가이자 전 국회의원이었던 김진애가 《타임》지 선정 차세대 지도자
100인으로 선정되었을 때, 한 대기업에서 프로젝트 자문을 위해 전문
가들이 모여 김진애를 떠보려고 질문을 퍼부었다. 답변을 들은 실무진
한 사람이 "우리가 다 아는 얘기만 하시네요!"라며 반박했다. 그때 김
진애는 이렇게 받아쳤다.

"아는 것부터 시작해야 뭘 만드실 수 있을걸요?"

내 운명의
시나리오!
1살...10살...
25살...35살...
49살...65살...
77살......

원하는 내용으로 언제든지
바꿔 넣을 수 있습니다.

아는 것을 푼다는 것은 모르는 것을 확실히 안다는 의미기도 하다.

당신이 잘할 수 있고 잘 알고 있는 것부터
시나리오를 시작하라.
지금 내가 욕심내는 것이 10년 후의 내 모습이다!

혓바닥 암

의사와 혓바닥에 암이 걸린 환자가 수술을 앞두고 이야기를 나누었다.

"선생님, 이제 수술을 받게 되면 다시는 말을 할 수가 없습니다. 수술 전에 마지막으로 하고 싶은 말이 있으면 하십시오."

"수술 방법이 맘에 안 들어요!"

이 질문을 자신에게 던져 보자.
당신 삶에 있어 마지막으로 한마디 하라고 한다면 무슨 말을 하시겠습니까?

아무것도 아닌 일

아카데미상을 4개 부분이나 수상한 리안 감독의 영화 〈와호장룡〉을 보면, 여자 주인공이 사막에서 마적단 두목과 머리빗 하나를 사이에 두고 싸우다 사랑에 빠지는 장면이 나온다.
그 장면을 본 아들 녀석이 이렇게 말했다.
"아니 머리빗 하나 때문에 저렇게 싸워? 말도 안 돼!"

도저히 이해가 안 된다는 얼굴 표정이다. 성인 남녀의 미묘한 감정을 이해할 수 없는 어린 나이라 당연히 생기는 의문일 것이다.

오늘 제3자의 관점에서 자신을 돌아보라.
가정에서, 직장에서, 사회에서, 모임에서.
말도 안 되는 아무것도 아닌 것을 가지고 우리는 얼마나 싸우고 있는가?

일중독

만약 당신이 일중독이라면 해결 방법이 하나 있다.

당신의 시간 계획표에 운동과 가정생활도 끼워 넣어라.
그리고 일상 업무와 같은 수준으로 우선순위를 부여하라.

가정경영연구소의 강학중 소장은 모든 사람들이 추구하는 것과 반대의 길을 가서 화제가 된 적이 있다.

사람들은 위로만 올라가려 한다. 그러나 강 소장은 (주)대교의 대표이사직을 사임하고, 적자를 예상하면서도 늘 관심을 가졌던 주제였고 오래도록 하고 싶었던 가정 사역을 시작하였다.

"조그맣지만 지금의 이 일, 보통의 일을 오래도록 꾸준히 밀고 나가는 것에 큰 가치를 두고 있는 저는 양적인 성장이나 외부에 보이는 모습에 연연해하지 않겠습니다. 그리고 외부의 지원이나 후원을 전제로 일을 벌이는 것이 아니라 제가 가지고 있는 활용 가능한 자원으로도 오래도록 꾸준히, 성실하게 해낼 수 있는 일부터 차곡차곡 다져 나가겠습니다."

어떤 이는 타인의 가정을 '어떻게 건강하고 행복하게 만들 것인가?'를 평생 추구할 가치로 생각하며 노력하는데, 자신의 가정조차 제대로 돌볼 시간이 없다는 것은 어떻게 해석해야 할까?

먼저 일과 가정을 동등한 수준으로 대하라.

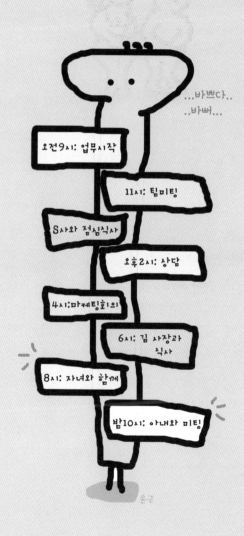

권위의식을 벗기는 방법

난 양복을 즐겨 입지 않는 편인데 어느 토요일 결혼식이 있어 모처럼 양복을 꺼냈더니, 왼쪽 주머니 아랫부분에 조그맣게 좀이 슬어 구멍이 나 있었다. 버려야겠다는 아내에게, 입는 데는 아무런 영향이 없다고 하며 그 양복을 입고 예식장에 다녀왔다.

갔다 오는 길에 예전에 읽었던 독일 작가 에리히 케스트너가 쓴 《동물회의》라는 책에 나오는, 옷을 갉아먹는 좀나방 이야기가 생각났다. 엄청나게 많은 좀나방들이 인간세계로 날아와 군복과 제복을 모두 갉아먹어 군인들을 벌거숭이로 만드는 내용이었다.

거짓말을 하는 정치인들을 보면서 좀나방을 상품으로 만들면 좋을 것 같았다.
거짓말을 하는 순간에 뿌려서 그들의 적나라한 모습을 공개하고 싶다.

벗겨 놓으면 다 똑같은 모습인데,
옷을 벗듯이 권위의식도 벗어 버릴 수 있는 지도자가 많은 사회가 되었으면…….

출발선 순위

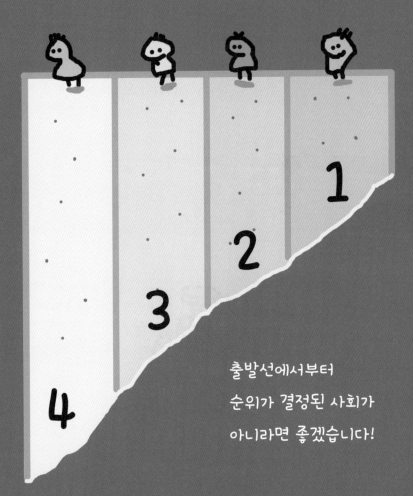

출발선에서부터
순위가 결정된 사회가
아니라면 좋겠습니다!

신뢰

동료를 믿고, 회사를 믿고, 직원을 믿고,
상사를 믿고 손을 놓을 수 있나요?

사랑은 신뢰입니다!

희망의 사다리

1960년 제17회 로마 올림픽 마라톤에서 맨발로 달려 우승한 에티오피아 육상선수 아베베 비킬라는 이렇게 말했다.

"나는 남과 경쟁하여 이긴다는 것보다는 자기 자신의 고통을 이겨 내는 것을 언제나 생각하고 있다. 마라톤은 대단히 고된 운동이기 때문에 숨은 턱에 차고, 심장은 터질 듯이 뛴다. 때로는 몸이 너무 무거워서 고통스러울 때도 있다. 그럴 때마다 자신의 컨디션을 가다듬어 평소처럼 뛰어야 한다. 나 자신의 고통과 괴로움에 지지 않고 마지막까지 달렸을 때, 그것이 승리로 연결되었다."

자, 이제 위를 향해 올라가자!

생각의 장벽을
거두고 도전하라

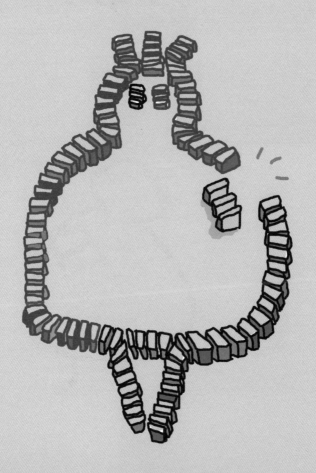

생각: 원하는 미래를 떠올려라

모래 뿌리기

아침밥을 할 때 쌀과 함께 모래를 한 주먹씩 넣는다면 어떻게 될까?
출근할 때 자동차 엔진에 모래 한 주먹씩을 넣는다면 어떻게 될까?

아마 그날 하루는 종일토록 기분 나쁜 날로 기억될 것이다.

아침 출근 때 당신 가슴속에 부정적 생각, 열등감, 좌절,
근심을 집어넣는 것은 모래를 엔진에 집어넣는 것과 같다.
모래를 넣고 안 넣고는 당신이 결정할 일이다.

난 단지 하루를 신나게 시작하고 싶다.

낙인 효과

"사장님, 10분만 잘게요. 깨워 주셔야 돼요!"

피곤하면 일할 수 없다.
실컷 자고 일어나도록 깨우지 않았다.

얼마 후 일어난 여직원 얼굴에, 책상 위에 방석을 놓고 엎드려 잠을 자서 방석 자국이 나 있었다. 잠잔 흔적이 두 시간은 지속될 것 같았다. 그 모습을 보면서 자국이 안 생기는 쿠션을 만들면 어떨까, 잠잘 때 침흘리는 사람들을 위해서 침을 흡수하는 베개를 만들면 어떨까, 생각해 보았다.

옛날에 가축의 주인을 구별하기 위해 그 등에 낙인을 찍었다.
잠잘 때 생긴 자국은 시간이 가면 지워지지만 낙인은 평생 지워지지 않는다.

누군가 이런 이야기를 했다.
요즘 사람들은 별명이라는 낙인을 가지고 산다.
타인이 지어 준 별명에 자신의 행동을 맞추려 노력하게
되는데, 이를 낙인 효과라고 한다.
따라서 별명에 따라 행동도 달라진다고…….

당신은 어떤 낙인을 가지고 살고 있는가?

인생과 도미노

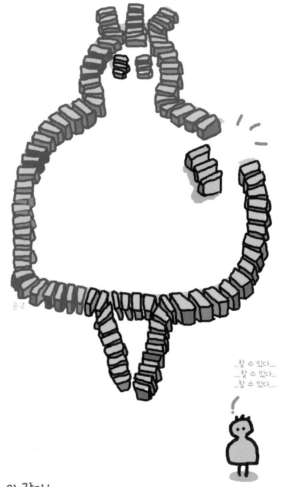

..할 수 있다...
...할 수 있다..
..할 수 있다...

인생은 도미노와 같다!
사는 동안에 생각의 흐름 하나만 바꾸면 인생 전체가 달라진다.

행동 치료사

난 이 나이가 되도록 수영을 할 줄 모른다.
어린 시절 개울에서 아픔을 겪은 후 물보다 산을 더 좋아하게 되었다.

언젠가 여름에 동료들과 강원도 한탄강으로 래프팅을 간 적이 있었다.
물론 나는 산으로 가자고 우겼지만…….

타지 않겠다고 우기다가 구명조끼 하나 걸쳐 입고 결국 보트를 탔다.
조교는 제일 물이 깊은 곳으로 보트를 안내하더니 나처럼 물을 겁내는
사람들을 모두 물속에 빠뜨려 버렸다.
몇 모금 물을 삼켰지만, '아, 죽지는 않겠구나!'라는 안도의 생각이 들
었다.
바로 그 순간부터 무섭게만 느껴지던 래프팅이 그렇게 재미있을 수가
없었다. 물에 대한 두려움도 한꺼번에 사라졌다.

행동은 마음속의 두려움을 치료해 준다.

아이디어의 힘

코리아나 유상옥 회장이 동아제약에 근무할 때의 일이다. '위장의 푸른 신호등—맥소롱'이라는 제품이 출시되었는데 10만 병 정도 팔린 터였다. 그는 생각했다.

'술 먹기 전후에 맥소롱을 먹으면 좋다는데, 그럼 아예 술에 타서 같이 마시면 더 좋지 않을까?'

그때까지 약국에서만 팔던 맥소롱을 들고 불고깃집을 찾아 갔다. 식당 주인과 손님들이 보는 앞에서 파란색 맥소롱을 소주병에 섞어 정말 보기 좋은 색의 소주를 만들어 마시기 시작했다. 그날 이후 입에서 입으로 소문은 퍼졌고, 돈 한 푼 들이지 않은 이 아이디어로 맥소롱은 매출이 10만 병에서 100만 병으로 급성장하였다.

지금 당신의 작은 아이디어가 회사를 살릴 수 있다.

미래의 당신

미래의 나를 만드는 것은 나 자신이다.
인생의 가치는 시간의 길이에 있는 것이 아니고,
그것의 사용 여하로 결정된다.

피터 드러커의 말을 되새기자.
"내가 현재 하고 있는 일을 아직 시작하지 않았다면, 지금이라도 이 일
을 시작할까?"

결정이 되었다면 주저하지 말고 최선을 다하라.

천재 골퍼 타이거 우즈는 스물한 살 때 프로로 전향하면서 그의 인생철
학 '절대 포기하지 않는다'에, '세계야, 내가 간다. 준비됐지?'라고 덧붙
였다.

미래의 당신과 만났을 때 웃을 수 있기를 바란다.

현실의 자신이 혹시 어떤 높은 신분이 되었을지도 모르는
미래의 자신에게 서글프게 인사를 한다.

민족의 힘

현대건설이 말레이시아 페낭 대교를 건설하고 기공식을 거창하게 준비했다.
한국에서 하던 것처럼 수상석의 단상을 높이고 차양도 마련했다.

수상 비서실장이 사전 방문을 한 자리에서,
"왜 수상석에만 차양이 있는 거요, 5000명이 앉을 자리에는 차양이 없는데. 당장 차양을 제거하시오."라고 지시하였다. 현대건설은 할 수 없이 5000명이 앉을 자리에도 차양을 설치하였다.

다음 날 비서실장이 다시 오더니,
"아니 이 의자는 왜 이리 큽니까? 수상 엉덩이는 다른 사람보다 큽니까? 다른 사람들과 똑같은 의자를 가져다 놓으시오."라고 말했다.

기공식 행사 때 마이티르 수상은 이렇게 연설하였다.
"현대건설은 도둑놈이다. 그러니까 여러분들이 빨리 배워서 이 도둑놈들을 몰아내야 한다."

민족도 힘이 있어야 한다.

그 힘은 저절로 생기는 것이 아니다.
지도층이 먼저 달라져야 한다. 리더가 변해야 한다.
리더가 움직이지 않으면 사람들은 절대 안 움직인다.

특권을 가진 자가 특권을 포기할 때 민족의 힘이 싹튼다.

연호야, 너 왜 태극기에 별 그렸니?

아빠, 미국 국기만
별 있으란 법 없잖아요!

...솥뚜껑 삼겹살...
...정말 맛있어...

잃어버린 정신

큰아들 녀석이 삼겹살에 비계가 많다고 가위로 잘라 내고 밥을 먹었다.
삼겹살은 가위로 비계를 잘라 내고 먹으면 되고,
몸에 낀 비계는 운동으로 빼면 되지만,
정신에 낀 비계는 어떻게 해야 할까?

맹자는 "사람이 닭이나 개를 잃어버리면 그것을 찾을 생각은 해도, 정
신(마음)을 잃어버리면 그것을 찾을 생각조차 못한다. 학문의 도란 다른
것이 아니다. 그 잃어버린 정신을 찾는 것일 뿐이다."라고 했다.

잃어버린 열정이 있는가? 의지가 있는가?
자신감을 길거리에 떨어뜨리지는 않았는가?
먼저 그것부터 찾으러 떠나자!

화살표

아래 나선형 원에 화살 표시를 해 보세요.

나!

모든 관점이 자기로
향하는 사람

타인!

타인을 자신의
관심사에 동참시켜
확장을 향해
나아가는 사람

당신의 화살표는 어디를 향해 있나요?

완벽한 날씨

어느 폭풍우 치던 날, 모든 영업사원들이 끼리끼리 모여 어떻게 시간을 때울까 궁리하고 있을 때 한 사람이 이렇게 말했다.
"방문 판매원에겐 완벽한 날씨군. 모두들 집에 있잖아!"

똑같은 상황에서 대응하는 방식이 이렇게 다를 수 있는가?
환경이 변하기를 기다리지 마라. 내 기분에 딱 맞게 환경이 변해 주길 원하는 것은 새지 않는 그릇에서 물이 새기를 기다리는 것과 같다.
있는 그대로의 상황을 사랑하고, 나 자신이 먼저 바뀌도록 노력하자. 그러면 환경도 서서히 바뀔 것이다.

욕심 비우기

**사람의 냄새는 몸에서 나는 냄새보다 마음에서 나는 냄새가
더 고약하다.**

인간적인 사랑에 대해서 작가 이외수는 이렇게 말한다.
"동물은 먹이를 사냥하기 위해 전력 질주하는 모습이 가장 아름다워 보
이고, 인간은 타인을 사랑하기 위해 희생하는 모습이 가장 아름다워 보
이는 법이다. 그대가 만약 동물적 사랑에 성공하고 싶다면 먹이를 사냥
하기 위해 전력 질주하는 모습을 보여 주고, 그대가 만약 인간적인 사랑
에 성공하고 싶다면 타인을 위해 자신을 희생하는 모습을 보여 주어라."

내 마음속 방에 있는 욕심을 비워야 한다.
새 비전을 넣어야 한다.

"그 좋은 마음속에
어떻게 너보다 더 큰
욕심이 들어 있니?"

좁쌀 눈에는 모든 것이
좁쌀로 보인다.
먼저 당신의 마음을 키워라.

이력서

아메리카 온라인(AOL)의 창업자 스티븐 M. 케이스가 1980년대에 썼던 이력서에 "지금 전기통신 분야에서 일어나는 기술 혁신들이 축적되면 가정의 텔레비전은 정보의 통로가 되고, 신문이 되고, 학교가 되고, 컴퓨터가 되고, 국민투표 기계가 되고, 상품 카탈로그가 될 것입니다."라고 썼다.

그러나 그가 이력서를 냈던 회사들은 이런 예언을 거들떠보지도 않았다. 케이스는 다른 일을 하다가 1982년 자신의 아이디어가 실현될 것이라는 확신으로 컨트롤 비디오라는, 빚투성이 신생 회사의 CEO를 떠맡았다. 이 회사는 AOL의 모체가 되었다.

젊은이들이여!
희망을 가지고 이력서를 써라.
목표가 분명하다면 꿈은 이루어진다.

이력서

이름 : 김 취 업
생년월일 : 1977년 6월 25일
학력 : 창업대학 할수있다과

경력사항

1. 우리주식회사 – 서류심사에서 탈락
2. 꼴값테크 – 면접에서 탈락
3. (주)털커덕 – 2차 서류심사 탈락
4. 강력본드사 – 서류심사 탈락
5. 당락컴퍼니 – 3차에서 탈락
6. 해피상사 – 인턴1차 탈락
7. 미래에서(주) – 정규직 탈락
8. 칠전팔기전자 – 8차 면접에서 탈락
9. 떡하니(주) – 서류심사에서 탈락
10. (주)단박에 – 면접에서 탈락
...
...
...
...
...
그외 탈락 경험이 98번 더 있습니다.
저는 포기하지 않습니다. 미래는 저의 것입니다.

실패도 경험입니다. 힘을 냅시다... 파이팅!!!

자기 이미지

잠들기 전에 '너무 피곤하다.'라고 되뇌면 아무리 자도 피곤하다. '자고 나면 가뿐해지겠지.'라고 생각하면 정말 상쾌해진다. 내가 하는 말은 잠재의식 속에 존재하며 내 삶을 주관한다.

윌마 루돌프는 네 살 때 소아마비와 폐렴을 앓아 여섯 살 때부터 왼쪽 다리를 쓸 수 없게 되었다. 각고의 노력 끝에 혼자 걸을 수 있게 된 그는 중학교 때 농구선수가 되었다가 육상선수로 전향하였다.

"어머니는 나에게 아주 일찍부터 이렇게 가르치셨다. 내가 원하는 것은 무엇이든 이룰 수 있다. 그 첫 번째는 목발 없이도 걸을 수 있다는 것이 었다."

윌마는 '걸을 수 있다. 할 수 있다.'를 되뇌었다. 열여섯 살에 미국 대표로 올림픽에 출전하였고, 1960년 17회 로마 올림픽에서 100m, 200m, 400m 계주에서 세계신기록으로 금메달을 목에 걸었다.

부정의 이미지가 아니라
긍정의 이미지가 떠오르는 사람이 되라.
당신이 원하든 원하지 않든 간에
자기가 내뱉은 말 한마디가
남 앞에 자신의 초상화를 그려 놓는 것이다.
사람들은 그가 하는 말로써 그를 판단한다.

고난: 인생의 일부일 뿐이다

가슴 환풍기

오늘 내 가슴에 환풍기 하나를 달았습니다.
응어리지고, 밑바닥에 숨겨 두었던 모든 분노를 뿜어냅니다.

당신도 환풍기 하나 달아 보세요.

환경과 조건을 거스를 때

사업이 힘들어서 퇴근 후 매일 저녁 5시부터 밤 10시까지 하루에 5시간씩 육체노동을 한 적이 있었다. 집에 와서 저녁 먹고 씻으면 밤 12시가 다 되었다. 네 달 정도의 노동으로 허리둘레가 2inch 정도 줄어들었다. 친분 관계에 있는 사람들을 만나면 운동을 해서 몸무게를 줄였다고 둘러대었다. 그렇게 육체노동을 하면서 '사장님'이라는 호칭을 듣다가 '최형'이라는 소리를 들으니 처음엔 조금 어색했다. 하지만 '형'이라는 말이 기분 나쁘지는 않았다. 이곳에서 한 가지 배운 것이 있다면, 앞으로 신입사원을 뽑을 때 반드시 육체노동을 시켜 보아야겠다는 것이다.

힘든 상황 속에서 사람의 진심이 나타난다.
시키는 일만 하는 사람, 퇴근 시간만 기다리며 일하는 사람, 이들은 금방 타성에 젖어 든다.
입으로는 최선을 다한다고 하면서도 관습이 어떠니, 사례가 어떠니 하면서 꾀를 피운다.
어려운 일을 맡겼을 때 겉과 속이 다르다.

네 달 정도 공사장에서 육체노동을 하면서 내 자신을 돌아보았다. 이러한 일을 평생토록 계속한다는 것이 얼마나 고통스러운 일인지를 깨닫게 되었다. 그러나 한평생 그런 일을 계속해야만 하는 사람들은 존재할 테고, 그런 사람들은 자기 인생에 주어진 시간의 상당한 부분을 가혹한 작업환경 속에서 소비하며, 생활의 일부로 거부감 없이 받아들이며 살 것이다.

때로는 환경과 조건을 거스를 필요도 있다.
난 그 노동의 현장을 최대한 빨리 졸업하리라 마음먹었다.

타성에 젖으면 인생을 역전시킬 수 없다!

고난과 시련의 찌꺼기

사업이 힘들어서 교통비도 부족할 때가 있었다.
돈이 없어 점심을 굶었다.
그날 저녁 난 모처럼 진한 똥을 누었다.
영양가를 쏙 뺀 찌꺼기만 나왔다.

예고 없이 다가오는 고난과 시련들은 나에게서 찌꺼기를 제
거하고 알짜배기만 남겨 놓는 귀한 시간들이 될 수도 있다.
가치관을 재정립해 주고, 나를 도와줄 사람들을 발견하고,
그들을 사랑하는 법을 배우게 해 준다.

우물도 처음에는 더러운 물이 먼저 쏟아져 나온다.
시련을 통해 인격적 찌꺼기가 쏟아져 나올 때 자신의 본 모습을 깨닫게
된다.

헬렌 켈러는 "내 인생에서 행복하지 않았던 날은 단 하루도 없었다."고
했다. 반면에 나폴레옹은 "내 인생에서 행복했던 날은 단 6일뿐이다."
라고 했다.
시련을 받아들이는 방식은 사람마다 다르다.

한국 최초의 시각장애인 박사 강영우는 "대부분의 사람들은 시련이 올 때 희망을 잃어버린다. 현재 잃은 것 하나에 집착하느라 가지고 있는 99개를 잃어버리지 말라."고 했다.

시련과 역경을 자랑의 기회로 만들어야 한다.

세 개의 서울

《새벽을 깨우리로다》의 저자이며 활빈교회 목사이고, 두레공동체를 만든 김진홍 목사가 개척 교회 시절 청계천 판자촌에 살 때 "왜 이렇게 살아야 해요?"라며 힘들어 하는 아내에게 한 이야기다.

"서울시는 하나의 시가 아니고 세 개의 시가 모여서 이루어진 도시요. 첫째는 높은 사람들과 재벌들 그리고 외국인들이 사는 서울특별시, 둘째는 교수, 선생, 공무원, 장사꾼 등이 사는 서울보통시, 셋째는 우리가 살고 있는 판자촌인데 여기는 서울하등시요. 그런데 서울하등시는 아직 시장이 없으니 우리가 서울하등시 시장으로 출마합시다. 내가 서울하등시 시장으로 당선되면 당신은 시장 부인, 사모님이라는 귀하신 몸이 되는 거요!"

지금 가난한가요?
그럼, 이렇게 물어보세요.

"내가 가난해서 배울 수 있는 삶의 지혜는 무엇인가?"

다 버린다

당신이 주체가 되어야 한다.
포기, 실망, 좌절, 미움, 불신 등은
스스로 당신에게서 떨어져 나가지 않는다.

당신의 겨울 동안에 거름으로 변하도록 만들어야 한다.
반드시 봄은 온다.

고난을 겪어 본 자

고난과 실패가 찾아왔을 때, 누구나 그것을 떨쳐 버리고 싶어
한다. 그러나 찰거머리처럼 떨어지지 않을 때도 있다. 일시적
인 좌절에 빠질 때도 있다. 이때가 바로 무언가를 배울 수 있는
기회다.

고난은 내가 떨쳐 버리려 했던 나쁜 성격들을 변화시켜 주고 희
망을 만들어 준다. 또한 갈등 속에서 통찰력을 배우는 순간이
되고, 일상 속에서 의지해서는 안 될 것들을 구별하여 준다.
실패는 성공에 대한 새로운 관점을 가지게 해 주며 장애 요인보
다 기회를 보는 눈을 키워 준다.

존 그리샴은 첫 작품을 내기 위해 26곳의 출판사를 다녀야 했
다. 첫 소설 《타임투킬》이 베스트셀러 목록에 오르는 데 1년이
걸렸지만 그 자리에 머무른 기간은 100주나 되었다.

고난을 겪어 본 자만이 다른 사람들을 고난에서 벗어
나도록 인도할 수 있다.

나에게서 떨쳐 버리고 싶은 것들!

내 인생의 일부

1932년 미국 뉴저지 주에서 사생아로 태어났다.

미시건 주의 한 부부에게 입양되었으나 5세 때 양어머니가 돌아가셨다.

양아버지는 떠돌아다니고, 양할머니 밑에서 자라났다.

트레일러와 소형 아파트에서 어린 시절을 불우하게 보냈다.

12세 때부터 종일 식당에서 일했고, 15세 때에는 고등학교를 중퇴했다.

그의 인생에서 성공했다고 할 만한 것이라고는 아무것도 없었다.

그러나 데이브 토머스는 이에 굴하지 않고 전 세계 1만 개의 체인점을
거느린 웬디스 햄버거의 창업주가 되었다.

심장이 병들었다고 떼어 버릴 수는 없다.
팔이 아프다고 해서 잘라 버릴 수는 없다.

심장이나 팔이 내 몸의 일부이듯이
고통, 근심, 절망, 실패 또한 내 인생의 일부이다.

가치 기준

초등학교 미술 시간에 선생님이 "1만 원짜리 돈을 보지 말고 그려 보세요."라고 과제를 내 주었다.

가난한 집 학생은 부잣집 학생보다 1만 원의 크기를 더 크게 그렸다. 똑같은 1만 원이지만 상대적으로 그 가치가 더 크게 느껴졌기 때문이다.

가난한 집 학생　　　　부잣집 학생

고난을 겪어 본 사람은 그 가치를 크게 느낀다.
사기당해 본 사업가는 신용의 가치를 더 크게 느낀다.

가수 박강성은 1982년 〈장난감 병정〉으로 데뷔 이후 인기가 떨어지자 갈등을 겪었다. "나 스스로 삼류 가수가 된 느낌, 인생도 삼류가 된 것 같았습니다."라는 그의 말처럼 삶의 고통을 통해, 그는 인생의 가치와 생각의 변화를 맞게 되었다. 하루하루가 새롭고, 아무리 작은 무대라도 소중하게 여기며 목숨 걸고 최선을 다했다. 그러자 진심이 통하고 인기가 올라가기 시작했다.

그는 말한다.
"인기만을 좇을 때는 조급했다. 집착에서 벗어나 욕심을 버리니 자신이 자유로워졌다. 예전에는 인기가 목적이었지만 지금은 사람들을 위해 노래 부르고 싶다."

당신의 가치 기준은 무엇입니까?
'내려가시오.'라는 소리보다는 '올라오시오.'라는 소리를 듣는 게 낫다.

살아가는 이유

남편과 사별한 뒤 일곱 살 아들 하나를 키우고 있는 여인의 이야기가 TV에 나왔다. 생계가 막막한데 왜 다른 일자리를 구하지 않느냐고 취재진이 물었다.

"아들 때문에 구할 수가 없어요. 아직 어려서 계속 엄마를 찾기 때문에 정상적인 월급을 받는 일자리는 구할 수가 없네요. 그러다 보니 생활은 계속 어려워지고……."

그렇다면 그녀에게서 아들을 빼앗아 버리면 그녀의 생활이 나아질까? 역설적이게도 그녀의 생활을 힘들게 하고 있는 일곱 살 난 아들이 그녀에겐 살아가는 이유가 되고 있다.

현재 내 발목을 잡고 있는 고통, 어려움, 갈등 등이 혹시 내가 살아가는 이유는 아닌지 돌이켜 보자.

욕망 화살표

가슴속 욕망이 용솟음칠 때 피해야 하는가, 맞서 싸워야 하는가?

시인 윌리엄 어니스트 헨리는 "나는 내 운명의 주인이며, 내 영혼의 선장이다."라고 했다. 태어나고 죽는 것은 마음대로 할 수 없지만, 각자의 생각을 조절할 절대적인 특권은 자신에게 있다는 의미다. 가난뱅이처럼 생각하면 가난하게 살 수밖에 없고, 부자처럼 생각하면 재물이 따라온다.

자신이 조절할 수 없는 처절한 상황에서도 좌절하거나 포기하지 마라. 스스로 한계를 두지 않는 한 극복하지 못할 일은 없다.

생선가게 vs 와플가게

노점에서 호떡 장사를 할 때였다.
근처에 생선장수 아주머니가 계셨는데 하루에 50~60만 원어치의 생선을 파셨다. 하루는 집에서 놀고 지내는 남편이 술 한 잔 마시고 시장에 나오더니 행패를 부리기 시작했다.

"왜 이렇게 손님이 적은 장사를 하는 거야? 저기, 와플파이 좀 봐. 애들이 줄 서 있잖아!"

와플파이 노점상 앞에는 애들이 줄 서서 기다리고 있었다. 그러나 와플파이는 단가가 500원이라 하루 종일 팔아도 매출 20만 원을 넘기기가 힘든 업종이다. 더구나 손님이 몰리는 시간과 뜸한 시간을 평균 잡아 계산한다면 하루 매출 10만 원을 간신히 넘길 정도의 업종이다.

아주머니 남편이 또 소리를 질렀다.
"장사를 하려면 저렇게 손님이 많은 장사를 해. 알았어!"

그 모습을 보면서 나 자신 또한 눈앞에 보이는 이익에 급급해 어리석은 판단을 하고 있지는 않은지 반성해 보았다.

1개 500원

인생은 때때로 정상에 있을 때보다
바닥에 있을 때 더 많이 배운다.

링과 인생의 차이

사전오기의 신화, 홍수환 선수가 한 이야기다.

"지금까지 링은 인생의 축소판이라고 생각해 왔습니다. 그런데 일련의
어려움들을 겪으면서 저는 인생이 링보다 무서운 곳이라는 생각이 듭
니다. 링에서는 두들겨 맞아 그로기 상태가 되면 말려 주는 사람도 있
지만, 인생에서는 맞고 떨어지면 아예 죽이려고 하는 것 같아요."

어느 날, 저녁 회식을 마치고 10시쯤 귀가할 때였다. 전철역에서 내려 마을버스를 기다리고 있는데 갑자기 의식을 잃고 쓰러졌다. 버스 정류장 바로 옆은 대학병원이었다. 그런데 가랑비가 내려 얼굴에 부딪히는 빗방울 덕분에 의식을 차릴 때까지 아무도 도와주는 사람이 없었다. 대학병원 입구 옆에서, 더구나 버스 정류장에 많은 사람들이 있었는데도……

권투 시합에서는 의식을 잃을 정도가 되면, 코치가 수건이라도 던진다. 아니면 심판이 시합을 중지시킨다.
그러나 인생은 철저하게 혼자다. 아무리 친한 사람이 많아도 최후의 순간에는 홀로일 수밖에 없다. 사람들을 믿어라. 그러나 너무 기대하지 마라. 실망하게 된다.

절망 + 실패 + 희망 = 성공

늘 무언가를 끼적거리며 공상하는 습관 때문에 비서로서는 형편없었다. 결국 비서직에서 해고당했다. 영어교사를 하며 결혼하였으나 3년 만에 파경을 맞았고, 사회보장국에서 주는 주당 70파운드로 딸과 함께 생활했다. 우유 값이 없어서 우유병에 물을 넣어 딸에게 먹이며 글을 썼다. 복사비가 없어서 8만 단어의 방대한 원고를 구식 타자기로 두 번이나 타이핑했다.

《해리 포터》라는 제목으로 출간된 이 책은 J. K. 롤링을 영국 최고의 여성 억만장자로 만들어 주었다.

성공에 가려면 절망, 실패, 희망 모두를 거쳐야 한다.

갈등 해결책

수많은 갈등으로 매일매일이 전쟁터인 내 마음속에 태극기를 휘날리고
싶다.

《긍정적으로 생각하라》의 저자 찰스 C. 만즈는 갈등을 겪을 때의 해결
책으로 다음과 같이 스스로 반문해 보기를 권한다.
'나는 옳기를 원하는가? 행복하기를 원하는가?'

옳음을 위해 싸워야 할 때는 꼭 싸워라.
그러나 모두에게 이득이 되는 쪽, 내가 행복해지는 쪽으로
선택하고 최선을 다하라.

《공포의 외인구단》으로 만화 역사상 전무후무한 기록을 세운 만화가 이현세. 그가 유명해졌을 당시, 출판을 거절당한 그의 습작품을 당시 집 한 채 값을 제시하며 책으로 내겠다는 사람이 나타났다. 그러나 이현세는 습작품을 가지고 있으면 유혹을 받는다는 아내의 충고에 따라 불태워 버렸다.

"만화를 '왜 그려야 하는지'에 대한 목적 없이 그렸던 작품을 돈 때문에 세상에 내놓기가 싫었습니다."

이현세, 그는 행복해지는 쪽을 택했다.

최후의 성공

뒤늦게 다시 인기를 얻기 시작한 가수 인순이에게 기자가 말했다. "이제 수면 위로 올라오셨군요!"

그러자 인순이는 "사실은 내가 수면 위로 올라온 게 아니라 수면이 다시 내려왔을 뿐입니다." 라고 했다.

스스로 아무런 노력도 하지 않았는데 인기가 다시 상승했다면 수면 위로 올라왔다는 표현이 맞을 수 있다. 그러나 인기에 연연해하지 않고 언제나 최선을 다한 사람에게는 팬들이 찾아가게 마련이다.

나는 실패한 적이 없다.
상원의원 선거에서 패배한 후 링컨은 말했다.

"내가 걷는 길은 언제나 험하고 미끄러웠다. 그래서 나는 자꾸만 미끄러져 길 밖으로 곤두박질치곤 했다. 그러나 나는 곧바로 기운을 차리고 나 자신에게 이렇게 말했다. '길이 약간 미끄러울 뿐이지 아직 낭떠러지는 아니야.'라고."

나는 실패한 적이 없다.
마쓰시타 고노스케 회장은 말한다.

"인간은 누구라도 실패한다. 실패하지 않는 인간은 한 사람도 없다. 그러나 나는 실패했다고 생각되면 어디가 잘못되었나 반성한다. 실패는 반성하고 개선하는 것이다. 많은 사람이 실패했다고 생각하면 불가능하다고 도중에 그만두고 만다. 그러면 이 시점에서 실패가 확정되는 것이다. 그래서 나는 실패했을 경우 포기하지 않는다. 반성하고 개선하기를 반복하면 최후에는 성공한다. 그러므로 나는 실패한 적이 없다고 말하는 것이다."

나는 최후에 성공한다!

나름의 쓸모

두 그루 나무 중 어떤 나무가 더 좋은 나무일까?

지금까지 배운 교육으로 분석한다면, 기둥이 똑바른 나무가 기초도 튼튼하고 곧아서 좋은 목재라고 생각했고 그렇게 배웠다. 그런데 창의성이 강조되는 다양한 세상이 되고 보니, 판재나 건축자재로 가공되어 사용되는 곧은 나무보다 개성 있는 관상용으로 사용될 비뚤비뚤한 나무가 훨씬 더 비싸고 가치 있는 시대가 되었다.

나무의 존재 이유가 사람을 위해 이용당해야 한다는 명분에만 있는 것은 아니다. 사람의 편에서 본다면 몹쓸 목재이지만 나무의 편에서 본다면 그 몹쓸 이유가 오히려 나무의 생명을 지켜 준다.
좋은 나무를 선택할 때도 내가 어느 쪽에서 보느냐에 따라 결정이 달라진다. 내 머릿속에 박혀 있는 고정관념으로만 사물을 대해선 안 된다.

모든 사물엔 제 나름의 쓸모가 있다.

기회는 준비된 자의 것, 세상을 설득하라

태도: 방향이 잘못되면 실패한다

가 보지 않은 길

아프리카 원주민은
얼어붙은 강을 못 건넌다고 한다.

가 보지 않은 길을 가는 것은 대단한 용기를 필요로 한다.
많이 보고, 많이 듣고, 많이 경험해야 한다.
자신의 생각을 실제 행동으로 옮겨 현실 속에 상품으로 내놓는 것은 아무나 할 수 있는 일이 아니다.

큰돈을 벌 수 있는 지식이 따로 있는가?
먼저, 가 보지 않은 길에 한 발을 내디뎌라.

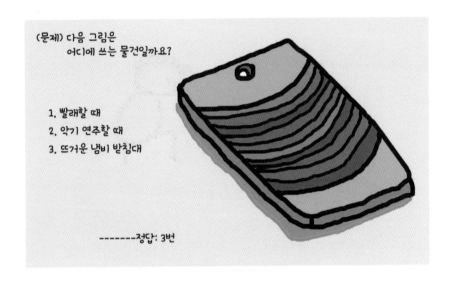

(문제) 다음 그림은
어디에 쓰는 물건일까요?

1. 빨래할 때
2. 악기 연주할 때
3. 뜨거운 냄비 받침대

-------정답: 3번

한결같은 곧은 신념

고정관념에 대한 강의를 할 때 보여 주었던 제품이었다. 시대의 변화에
따라 세탁기에 밀려 사용도가 떨어진 빨래판을 누군가가 손바닥 크기
보다 조금 더 크게 만들어 냄비 받침대로 팔고 있었다. 주변에서 쉽게
볼 수 있는 물건을 재해석해서 새로운 사용처를 만들어 낸 것이다.

환경과 상황에 따라 물건의 사용 방법은 변할 수 있다.

롯데그룹 신격호 회장은 일본에서 국세청장을 지낸 관리와 오랫동안 친분을 쌓아 왔다. 어느 날 그 집에 갔는데, 그의 부인이 빨래를 빨래판에 손으로 문질러 빠는 장면을 목격했다. 신 회장은 보기도 민망하고 친한 사이라 별 생각 없이 세탁기 한 대를 보내 주었다.

그런데 그 국세청장이 신 회장을 불러 말했다.
"당신이 나와는 수십 년 친구라 나를 정확히 아는 줄 알았는데, 섭섭하오. 당신은 당신이 큰 부자로 많은 재산과 종업원을 거느리면서 나름대로 만족하게 살겠지만, 나도 나 나름대로 만족하게 살고 있소. 집은 20평도 안 되고 세탁기도 없어 빨래판에 빨래를 하지만, 나는 우리 국민 모두에게 존경받는 사람이오. 그 존경을 당당하게 받을 수 있는 것은 양심적으로 꺼리는 일을 안 한다는 자부심이 있기 때문이오. 비록 돈은 없지만 나는 일생을 깨끗하게 사는 것으로 국민에게 본받음을 주려는 사람이오."

시대가 바뀌고 세상이 변해도 곧은 신념으로 한결같은 존경을 받는 지도자가 그립다.

융통성을 가져라

3일 만에 간신히 잠이든 불면증 환자를 깨우면서, 간호사가 이렇게 말했다.

"이봐요, 일어나세요! 수면제 먹을 시간입니다."

외국에서 어떤 사람이 서류를 우편으로 접수했다.
그런데 접수가 안 되고 우편물이 되돌아와서 뜯어 보았더니, 이렇게 적혀 있었다.

'규칙이 개정되어 등기로 우송하지 않은 우편물은 접수할 수 없게 되었습니다. 귀하께서는 이 취지를 양지하시어 다시 우송해 주시기 바랍니다.'

당신이 일하는 방식은 어떻습니까?
시키는 일, 규칙에 정해진 일만 하지는 않습니까?

어떤 조직이든 자신이 맡은 일을 융통성 있게 잘 해낼 수 없는 인간이 상당수 있다.
창의성은 말로만 하는 것이 아니다.
고정관념에서 벗어나 행동으로 옮겨 보자.

정직한 거미줄

거짓말을 거미줄처럼 내뿜지 마라!
신용은 가는 실과 같아서 한번 끊어지면
다시 잇기가 불가능하다.

아인슈타인은 한때 이스라엘의 대통령직을 두 번이나 제안 받았다.
그의 높은 인격과 이상적인 정치적, 도덕적 가치관 때문이었다.
이처럼 아인슈타인은 정직한 지도자가 될 조건을 갖추고 있었다.
하지만 그는 그 제안을 거절했다. 현실에서 자신이 할 수 있는 것과 없
는 것을 알고, 자신을 더욱 필요로 하는 곳이 자신이 있어야 할 곳이라
는 정직한 사명감 때문이 아니었을까.

삼성 이건희 회장이 가장 싫어하는 직장인이 어떤 유형이냐는 기자의
질문에 이렇게 답하였다.

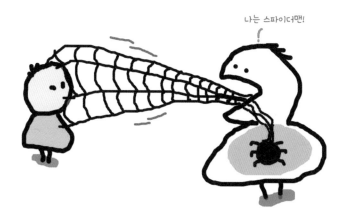

"바로 거짓말, 변명, 잘못을 인정하지 않는 억지, 뒷다리 잡기입니다. 제가 가장 싫어하는 인물 유형이지요. 직장인으로 성공하려면 이 같은 네 가지 금기 중 어느 하나에도 해당되지 않아야 합니다."

거짓말은 결국 남을 감는 것이 아니라 자기 자신을 칭칭 감아 버린다.

눈앞의 건빵

두 아들이 어렸을 때 동물원에 데리고 갔다. 엄청나게 덩치가 큰 곰들이 건빵을 받아먹기 위해 박수 치고, 재롱부리는 모습을 본 큰아들 연호가 이렇게 물었다.

"아니, 겨우 건빵 얻어먹으려고 저렇게 덩치 큰 곰들이 재롱을 떨어요? 덩칫값도 못하네."

순간, 나는 신병훈련소에서 훈련병들이 조교에게 했던 말이 떠올랐다.

"조교님, 건빵만 주신다면 뭐든지 하겠습니다."

재롱을 부리는 곰과 나는 무엇이 다른가?

슈퍼맨의 원저자인 제리 시겔과 조 슈스터는 130달러의 계약금을 받고 모든 판권을 출판사에 양도했다. 평생 맛보기 힘든 엄청난 성공을 포기하는 순간이었다. 눈앞의 건빵 때문이었다.

당신은 돈, 권력, 명예 앞에서
어떤 재롱을 떨고 있습니까?

반성

사람마다 가장 모르는 것이 있다면, 그것은 바로 자기 자신이다.
그러면서도 자신은 살피지 않은 채 남을 탓하고 저울질하느라 스스로
를 위태롭게 만든다.

델컴퓨터의 사내 표어 중에 이런 것이 있다.
'5초간 승리를 기뻐한 뒤, 무엇을 더 잘할 수 있었는지 5시간 반성하
라.'

5초간 남 탓을 한 후엔, 5시간 반성하라.
자신의 무지를 모르는 것은 무지보다 더 나쁘다.

무장해제

우리는 과연 아무런 방어 없이 사람을 대할 수 있는가?

사람과 사람의 만남은 무기 없는 만남이 되어야 한다.
상사와 만날 때, 동료와 만날 때, 거래처와 만날 때, 친구와 만날 때,
등 뒤에 총칼을 숨기고 만나지 마라.

급속히 변화하는 현대사회 속에서 외로움에
시달리는 것은 사람들 사이에 친밀함이 없기 때문이다.
비밀이 많기 때문이다.

미국 카네기 공과대학에서 인생에서 실패한 사람 1만 명을 조사했
다. 그들의 실패 원인 중 85%는 원만치 못한 인간관계였다.

이제 타인과 잘 어울리는 것도
능력으로 인정받는 시대가 되었다.
감추지 마라. 당신의 동기가 순수한지
아닌지는 상대가 먼저 알고 있다.

성공한 인생

예전 직장에서 축구 시합을 할 때면 난 참 열심히 뛰어다녔다. 공을 따라다니기만 했지, 제대로 한번 차 볼 기회를 가지진 못했다. 골을 넣는다는 것은 꿈도 꾸지 못할 일이었다. 축구를 성실하게 했지만, 공을 가지고 수비수를 제치고 골을 넣는 쾌감은 맛볼 수가 없었다.
당시 축구를 잘하는 선배가 말했다.
"난 공이 떨어질 위치를 예측하고 미리 달려간다."

바둑을 잘 두는 사람은 이렇게 충고한다.
"이기는 사람은 이기는 자리에만 놓고, 지는 사람은 지는 자리에만 놓는다."

세상의 고수들은 말한다. 맥을 잡을 수 있어야 성공도 따라오는 것이라고.
공격수가 있다면 수비하는 사람이 있어야 하듯, 현재 나와 당신의 위치는 중요하다.
내가 축구를 하면서 비록 골은 못 넣었지만 땀 흘리고 운동한 보람을 느끼는 것처럼, 스스로 부딪쳐 봐야 무엇이 중요한지 알게 되고 맥을 잡을 수 있다.

열심히 사업하고 노력하며 살았지만 장사가 안 되고 기업이 성장하지 않을 수도 있다. 그땐 소명으로 받아들여야 한다. 그 일을 통해서 내 삶의 의미가 이루어지고 있음을 느끼면 된다. 과정을 통해 배우다 보면 스스로 맥을 찾게 된다. 그게 바로 성공한 인생이다.

고객의 기쁨

퇴근을 하고 집에 들어왔더니, 큰아들 연호가 기다렸다는 듯이 질문을
한다.
"아빠! 모르는 사람에게 월급이 얼마냐고 물으면 안 돼요?"
"그럼! 안 되지. 그건 실례야."
"왜 안 되지요? 궁금한 건 물어보라고 그랬잖아요."
"ㅠㅠ……."

이랜드 박성수 회장에게 어린 자녀가 질문을 했다.
"아빠! 돈을 많이 버는 방법을 가르쳐 주세요."
"너무 쉬운 건데, 알고 나면 실망할 텐데……."
"그래도 가르쳐 주세요."
"1000원을 내고 물건을 샀는데 네가 얻은 것이 2000원의 만족감을 느
꼈다면 어떻게 행동할 것 같으니?"
"막 자랑하고 소문내고 다니겠지요."
"바로 그거란다. 돈 벌 생각하지 말고, 고객의 기쁨을 위해 행
동하면 돈도 저절로 벌리고 사업도 저절로 되는 거란다."

내가 만드는 제품의 가격보다 그것을 사서 사용하는 가치가 더 크게 느
껴지게 하라.
기업은 고객의 필요를 채워 줄 때 성장한다.

능력 감옥

삼우무약의 이성희 회장은 1970년 회사 도산으로 부산에서 도피 생활의 어려움을 겪고, 부천에서 쌀통 제작 회사 (주)부신으로 재기의 발판을 마련하였다. 1979년 삼우무약을 설립하면서 그는 아내에게 다짐했다.
"1000만 원을 가지고 매년 배로 늘리면 10년 후면 100억이 넘게 되오. 10년 후 100억이 넘는 회사를 만들어 보겠소."

'할 수 있다'는 정신 자세는 누구에게나
공평하게 주어진 절대적 권리이다.
자신의 능력을 생존에 저당 잡혀
그 무한한 가능성을 가둬 두지 마라.

세월

지구의 자전 속도는 시속 1667km, 지구의 공전 속도는 초속 10만 7280km이다!
엄청난 속도로 지구가 움직이지만 우리는 느끼지 못한다.
관성의 법칙 때문이다.

모든 사람에게 똑같이 주어진 시간이 얼마나 소중한 선물인지 느끼지 못하고 산다면 그것은 관성에 젖어서 그렇다.

소중한 것을 소중하게 여기지 못하는 것은 물이나 공기처럼 그것이 너무 흔하기 때문이다.
정말 소중한 것이 무엇인지 돌아보는 시간을 갖자.

퇴장 준비

홍성사 이재철 대표는 삶에 대해서 이렇게 표현했다.

"인간은 살아 있는 동안은 태어난 날로 기념되지만, 아무리 유명한 사람이라도 죽은 다음엔 죽은 날로 기억된다."

생일을 제삿날로 사용하는 사람은 없다.

밀가루 공장에서 포대를 나르는 중노동을 하며 어린 시절을 보낸 이브 몽탕은 미용실에서 파마로 머릿결이 다시 태어나는 모습을 보고 깨달았다.

'그래, 사람도 얼마든지 머리카락처럼 새롭게 태어날 수 있어. 파마할 때의 뜨거운 열 같은 의지만 있다면 말이야.'

그때부터 그는 열정을 쏟아부어 목표를 찾기 시작했고, 수많은 고생과 노력 끝에 최고의 가수가 되었다.

호흡이 있는 동안에 퇴장 준비를 하면서 살아야 한다.

그날이 언제인지 모르기 때문에 멋진 퇴장을 준비하며 항상 최선을 다하라.

여유

여유 있는
사람이
되고 싶다.

욕 자판기

어떤 사람은 누르기만 하면 욕이 나온다.
어떤 사람은 누르기만 하면 여자 이야기만 나온다.
어떤 사람은 누르기만 하면 돈 문제만 나온다.
어떤 사람은 누르기만 하면 연예인 이야기만 나온다.
어떤 사람은 누르기만 하면 스포츠 이야기만 나온다.

당신은 어떤 자판기입니까?

남들과 똑같으면 세상을 변화시킬 수 없다.

"눌러 봐! 욕이 나와."

큰 부자

아들이 자신보다 낫다는 얘기를 듣고 기분 나빠하는 아버지가 있는가?
부모의 마음을 가져라. 작은 사람은 희생하지 않는다. 큰 사람이 희생
한다.
크게 생각하고 크게 성장하면 경쟁과 질투와 시기의 한계를 벗어난다.

돈도 마찬가지다. 아주 가난하면 사람이 싱싱해지며 힘든 생활 속에서
도 국가와 민족을 걱정한다. 그러나 중간 정도(10억 원 정도)의 부를 가
진 사람들은 이기적이 된다. 자기만 생각한다. 그러므로 큰 부자가 되
어야 한다. 자기 이익에 따라 움직이는 삯꾼이 되지 말고 희생
하고 베풀 줄 아는 큰 부자가 되어야 한다.

유한양행의 창업자 유일한 박사는 삶 그 자체가 애국이었다. 1962년
기업 공개 시 액면가보다 7배로 공개해도 무리가 없는데도 "주식을 상
장하려는 것은 돈을 벌려는 게 아니다. 내 개인 소유가 아니기 때문에
기업을 공개하려는 것이다. 액면가로 공개하라."고 했다.

또한 제2한강교가 건설될 때 유한양행이 보유한 땅을 서울시에서 평당 4000원에 팔라고 권했을 때, 해당 담당자들은 1만 2000원까지 받을 수 있다며 팔지 않고 있었다. 이때 유일한 회장은 "우리가 30원에 산 땅이니 4000원만 해도 100배가 넘는데 1만 2000원을 바라다니 정신들이 있는가? 그리고 서울시에서 팔라고 하면 나라에서 쓰겠다는 것인데 그걸 안 팔면 어떡하나?"라며 담당자들을 나무랐다.

그는 전 재산을 사회에 환원하였으며 자신의 이익보다 국가의 이익을 늘 먼저 생각했다.

자유인

누가 더 큰 것을 가졌는가?
똑같은 것을 가지고 왜 서로들 부러워하는가?
많이 가질수록 상실에 대한 부담도 크다.

앤디 워홀은 대중사회의 평등성에 대해 이렇게 말했다.
"대통령이 먹는 콜라나 거지가 먹는 콜라나 맛이 똑같고 다 맛있다. 돈
이 많다고 더 좋은 콜라를 먹을 수 있는 것은 아니다."

대중사회, 대량생산 시대의 획일화된 평등을 추구하지 마라.
우리 모두는 개성 있는 인격체다.
행복은 스스로 선택해야 한다.

인간에게 주어진 최후의 자유는 주어진 환경 가운데 자기
태도를 선택하는 자유다.
당신은 자유인이다!

팀워크

어렸을 때 철길을 다녀 본 사람은 침목 위로 걷기, 자갈 위로 걷기, 철길 위로 걷기 중에서 철길 위로 걷기가 가장 중심을 잡기 어렵고 1m 가기도 힘들다는 사실을 알 것이다.
그런데 철길에서 떨어지지 않고 1km 이상 걸어갈 수 있는 방법이 있다고 한다. 두 사람이 각기 철길 위에 나란히 서서 서로의 한쪽 손을 잡고 중심을 잡으며 걸어가는 것이다.

볼보자동차 이향림 대표는 더불어 사는 삶에 대해 이렇게 이야기한다.
"업무를 혼자서 빈틈없이 해내는 사람과 자신의 빈틈을 메워 줄 수 있는 동료가 있는 사람, 이들이 한 일의 결과는 별 차이가 없어 보인다. 그러나 좋은 동료를 가진 사람이 회사에서 더 행복하게 지낼 수 있고 장기적으로 큰 경쟁력을 확보하게 된다."

가정에서, 회사에서
교만과 자존심을 버리고
서로 손을 잡고 걸어갈 때
완벽한 팀워크가 나온다.

집중 9단

바둑 천재 이창호를 보고 혹자는 '바둑 9단, 사회 9급'이라고 말한다.
이창호의 초등학교 시절 선생님은 이창호의 학창 시절을 이렇게 회고
한다.
"교실 밖만 멍하니 쳐다보는 걸 보면 커서 어떤 사람이 되겠나 싶어 한
심한 생각이 들었다."

어른들의 그런 걱정을 뒤로하고 이창호는 자기의 강점에 집중했다.
초등학교 3학년 때 프로에 입문하여 1996년에 세계 최강 바둑 결승전
에서 우승했다.

사람은 나약한 존재라
약점만 바라보면 앞으로 나아갈 수 없다.
잘못하는 것은 무시해 버려라.
자신의 강점에 집중해야 한다.

이탈리아 지휘자 토스카니니는 근시였다. 그는 약점에 좌절하지 않았
다. 근시 때문에 악보를 외우고 있었고, 기회가 왔을 때 대타로서 〈아
이다〉를 성공적으로 지휘하여 실력 있는 지휘자로 인정받았다.

어느 해 겨울, 한 아주머니가 큰아들 연호에게 물었다.
"넌, 스키 탈 줄 아니?"
한참을 망설이던 연호가 대답했다.
"안 타 봐서 모르겠는데요."

해 보지도 않은 일에 미리 겁먹지 마라.
당신의 재능이 지금하고 있는 일이 아닌 다른 곳에 있을 수도 있다.
부딪혀서 재능을 발견하면 거기에 집중하라. 인생이 즐거워진다.

목소리: 세상을 만나기 위한 무기

가치 상대

정말, 잘생겼네!

사람은 자기 수준에 맞는 사람을 만난다.

자신의 가치를 올린다면 보다 나은 상대를 만날 수 있다.

보기만 해도 반가워요!

정직

추석 연휴 어느 날 오전, 아내와 TV 프로그램을 보고 있었다. 돌발 퀴즈가 자막으로 나오고 있었는데 사은품이 '김치냉장고'였다. 정답은 인터넷으로 10시까지 신청하라고 했다. 나는 아내에게 물었다.

"김치냉장고 가지고 싶지?"

그래서 난생 처음 TV 퀴즈 정답을 맞혀 보겠다고 아내와 둘이서 인터넷으로 신청을 했다. 처음엔 내 이름으로, 두 번짼 아내 이름으로. 그러자 욕심이 생겼다. 기왕 하는 것 가족들 이름으로 모두 신청하면 확률이 올라갈 것 아닌가. 세 번짼 어머니 이름으로 정답을 입력하고 '확인' 버튼을 클릭하였더니, 컴퓨터 모니터에 다음과 같은 화면이 나타났다.

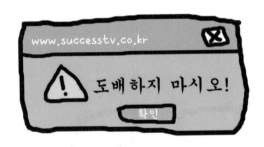

영화 〈델마와 루이스〉의 여주인공 수잔 서랜던이 기자들에게 말했다.

"나는 다른 여배우들만큼 많은 돈을 벌지는 못할지 모릅니다. 그러나 나는 내 생활을 어느 정도 컨트롤할 수 있습니다."

도마뱀에게는 재생 능력이 있다.
위기 상황에서는 스스로를 컨트롤해서 꼬리를 잘라 버린다.
심지어 컴퓨터조차 조절 안 되는 인간에게 도배하지 말라고 경고한다.

인간에겐 재생 능력이 없다.
그러므로 도마뱀의 꼬리보다 더 소중한 감정, 정서 등 많은 것들을 잃
어버리기 전에 스스로를 컨트롤할 수 있어야 한다.

다른 사람들이 당신을 보는 눈을 통제할 수 있는
유일한 방법은 항상 정직하게 행동하는 것이다.

인생의 호수

나에게 드리워진 낚싯대들…….

때론 힘들고 어려워서 좌절하고 포기하고 싶을 때도 있습니다.
그러나 사랑하는 가족이 있기에 힘과 용기를 얻습니다.
그들에게 포근한 보금자리가 되고 싶습니다.

……

인생의 호수가 되고 싶습니다.

원하는 답

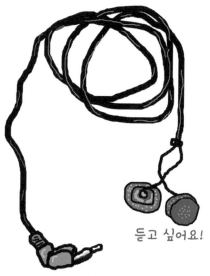

새로 부임한 전도사에게 "어떤 사역을 하고 싶은가?" 하고 담임 목사가 물었다.
"저는 가난한 사람들을 위해 일하고 싶습니다."라고 전도사가 대답했다.
그 전도사는 가장 부자 동네로 배정되었다.

듣고 싶어요!

어디에 꽂아야 하나요?

"아니, 가난한 사람들을 위해서 일하고 싶다고 했는데 왜 부자 동네로 저를 배정하셨습니까?"
목사님이 대답했다.
"부자를 먼저 이해해야 가난한 사람을 이해할 수 있답니다."

돈 버는 사람은 돈 나오는 데를 안다.
원하는 답을 듣고 싶다면, 먼저 제대로 꽂아야 한다.

요기에 꽂아 주세요.

시간의 양과 질

난 시계를 안 차고 다닌 지가 10년이 넘었다. 습관이 되어서 그런지 시계를 차면 손목이 답답하여 견딜 수가 없다.

오래전에 시간 관리를 다시 해 보겠다는 욕심에 집에 있는 아이들 만화 시계를 차고 다녔었다. 여름이라 반팔 옷에 유치원생들이 차는 만화 시계를 팔목에 차고 있으니, 거래처 미팅을 가면 사람들이 유난히 시계를 들여다보았다. 말은 안 하지만 그들 표정엔 'CEO라는 사람이 나잇값도 못하네!'라고 쓰여 있었다.

시간에도 양과 질이 있다.

일본 윌슨러닝사의 모리 사장은 어린이 장난감 시계를 차고 다닌다. 그는 자신이 아끼는 직원에게는 장난감 시계를 선물한다. 누군가 그 이유를 물었다.

"나는 어린아이의 감수성을 계속 지니고 싶다. 남들처럼 5분간을 허비하지 않고 질 높은 5분간을 늘 갖고 싶다. 그렇게 바라기 때문에 어린아이가 차는 이 시계를 차고 있는 것이다."

시간은 1회성이다. 그러나 시간은 기회다!

멋진 사람

내 인생을 바꿔 줄 멋진 사람은 어디에 있을까?

그 멋진 사람이 바로 당신 자신이라는 생각은 해 보지 않으셨나요?

열린 마음

시사만화가 박재동 화백. 그가 휘문고등학교 미술 선생님일 때 낸 시험 문제다.

"빈 공간은 하늘이다. 마음속에 비행기를 띄워 봐라. 그리고 그 비행기가 날아간 자취를 그려 봐. 그게 오늘 시험문제다."

문제아들을 미술실로 불러 눈을 마주치며 초상화를 그려 주던 그는 아이들에게 열린 마음으로 세상을 보라고 가르쳤다.

잭 웰치는 전략보다 사람이 우선한다고 하였다.
다음 세대의 리더는 하늘에서 뚝 떨어지지 않는다.
당신이 양성해야 한다.

타고난 재능

사람들은 누구나 타고난 재능이 있다.

긍정 심리학자 마틴 셀리그먼은 "지능 수준이 같다면 어떤 사람의 실제 성취는 단지 재능뿐 아니라 패배감을 극복하는 능력에 달려 있다."고 했다.

삶을 성공시키거나 실패시키는 것은 학교에서 후천적으로 배운 재능이 아니라 배우지 않아도 당신 속에 가지고 있는 '할 수 있다'는 적극적 마음가짐이다.

없다면 시간을 투자해 재능을 만들어라.

사명

"나는 재미없는 사람입니다. 친구들이 저 보고 늘 심각하다며 놀립니다. 하지만 CEO가 즐거움에 빠져들다 보면 미래를 내다보고 첨단 지식을 익히는 데 소홀하기 쉽지요. CEO는 직원, 더 나아가 국민들을 책임져야 하기에 즐거움보다 스스로를 끊임없이 다듬어 나가는 데 더 관심을 가져야 합니다. CEO란 윤리적인 존재이자 교육자적인 존재이기 때문입니다."

유한킴벌리 시절 문국현 사장의 말과 마음가짐을 볼 수 있다. 이것이 바로 그가 존경받는 CEO가 된 이유다.

골키퍼의 사명은 지키는 것이지, 골을 넣는 것이 아니다.

자기 자리를 지킨다는 것은 중요하고도 어려운 일이다.

바른 질문

고등학교 자취 시절, 친구들을 불러 놓고 미역국을 끓여 준 적이 있었다. 혼자 먹어도 모자랄 것 같은 5인분용 미역 한 봉지를 통째로 냄비에 넣고 물을 붓고 펄펄 끓였다. 몇 분 후 미역이 불어나면서 냄비는 세 개로 늘어났다. 며칠 동안은 미역국만 먹어야 할 것 같았다.

열심히 맛있게 미역국을 끓였는데, 이상하게도 집에서 어머니가 해 주신 것처럼 기름이 둥둥 뜨지 않는 것이었다. 아무리 애를 쓰고 방법을 동원해도 기름이 생기지 않았다. 친구들은 배고프다고 아우성이었다. 난 최후의 방법을 동원했다. 미역국 위에 식용유를 부었다. 그제야 기름이 동동 뜨는 맛있는 미역국처럼 보였다.

모든 잘못된 일에는 원인이 있다. 미역국은 참기름을 넣고 먼저 볶아야 한다. 기름을 넣지 않고 기름이 뜨기를 바라는 것은, 노력하지 않고 행운만 바라는 것과 같다.

영화 〈올드보이〉에서 유지태는 최민식에게 말한다.

"틀린 질문만 하면 맞는 답을 들을 수 없다. '왜 가두었느냐?'라고 물을 것이 아니라, '왜 15년 만에 풀어 줬을까?'라고 먼저 물어야 한다."

원하는 답을 들으려면, 올바른 질문을 해야 한다.
당신은 사오정이 아니다!

목표

목표가 다르면 각오와 행동과 준비가 달라진다.

파코메리라는 회사를 설립한 박형미 대표가 화진화장품에 있을 때 목표 달성에 관한 직원 교육을 할 당시, 그녀가 직원들에 한 말이다.
"모르는 사람에게 150만 원짜리 화장품 두 개를 팔 수 있는 사람?"

아무도 손을 안 든다. 그러자 박 부회장은 다시 말했다.
"그럼, 모르는 사람에게 화장품 두 개를 팔면 아파트 한 채씩을 드리겠습니다. 자, 이제 팔 수 있는 사람 손드세요."

강의를 듣던 모든 사람이 손을 들었다.
왜, 똑같은 화장품인데 팔 수 있다는 자신감이 생겼을까?

목표가 분명해졌기 때문이다.
목표는 불가능한 일도 가능하게 만든다.
목표를 크게 잡으면 행동이 달라진다.
그리고 인생도 달라진다.

가난하게 살기를 바라는 사람은 아무도 없다.
내 의지와 무능이 가난을 선택할 뿐이다.

언어 요리

언어는 요리와 같다.
순서대로 냄비에 재료를 넣으면 가장 맛있는 맛이 난다.
순서를 바꾸면 다른 맛이 난다.

사람을 이롭게 하는 말은 솜처럼 따뜻하지만 사람을 상하게 하는 말은
가시처럼 날카롭다.
한마디 말이 잘 쓰이면 천금의 값어치가 나가지만, 한마디 말이 다른
사람을 다치게 하면 칼에 베이는 것처럼 아프다.

마음과 혀는 불가분의 관계이다.
마음이 혀를 움직인다.
누구든지 마음에 품은 것을 입으로 내뿜는다.
지혜로운 자는 자신의 혀를 바르게 통제할 줄 안다.

항상 눈앞에 있는 하나만 말하며
말의 깊이가 없는 어리석은 사람이 되지 말고,
말하기 전에 생각하고 전체를 보고
신중히 말하는 지혜로운 사람이 되라.

욕 전문 사전

작가 숄롬 알레이햄은 어린 시절에 계모에게서 매일 욕을 먹었다. 심한 스트레스에 시달리던 그는 어느 날부터 잠자리에 들기 전에 그날 들었던 '욕'을 모두 적기 시작했다. 훗날 그는 욕을 알파벳 순으로 정리하여 한 권의 사전을 만들었다. 《새어머니의 어휘》라는 욕 전문 사전은 그가 글을 쓰는 데 많은 도움을 주었다.

알레이햄은 나쁘고 불리한 환경을 유리한 조건으로 바꾸어 놓았다.
그러나 대부분의 사람은 비난의 말에 상처 입는다.
부정의 말보다는 긍정의 말을 사용하라.

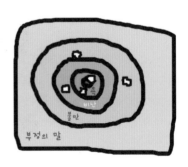

장애물 넘기

사람은 누구나 자기가 추구하는 꿈의 크기만 한 장애물을 가지고 있다.
꿈을 이루느냐, 못 이루느냐는 그것을 바라보는 사람에게 달려 있다.
성공을 원한다면 역경과 실패조차도 기꺼이 받아들이고 내 삶의 일상
적인 일부로 만들어라.
실패하지 않으려 한다면 앞으로 나아갈 수 없다.

출퇴근 그리고 성공자와 실패자

출퇴근 시간이란 회사 안의 자신과 회사 밖의 자신을 전환시키는 중간 역할을 한다.

출근할 때 자는가?
퇴근할 때 자는가?
집에 가서 또 자는가?
그럼, 도대체 언제 깨어 있는가?

똑같은 꿈과 신념을 가지고 출발한 두 사람이 왜 성공자와 실패자로 나뉘는지 생각해 본 적이 있는가?
'나는 왜 이다지도 운이 없을까?'라고 한탄하지 말고, 지금 자신의 일상을 돌아보라.

CHAPTER

4

실천 없이
변화도 없다

변신: 정말 소중한 것이
무엇인지 돌아보라

그래, 넌 뭐가 보이니?

내 것의 가치 들여다보기

마이크로소프트는 창립 5주년까지 운영 체계에 손을 댄 적이 없었다. 그런데 IBM과 개인용 컴퓨터 운영 체계를 개발하기로 한 빌 게이츠는 시애틀컴퓨터사가 개발한 프로그램 Q-DOS를 5만 달러에 사들였다. 그리고 그것을 IBM의 요구에 맞춰 변형 가공한 다음 'MS-DOS'라는 이름을 붙였다.

결과는 대성공이었다.

빌 게이츠는 남의 것을 참고하여 자기 것으로 만들었다. 그러나 어떤 사람들은 자기에게 있는 '내 것의 가치'를 모르고 살아간다.

남에게 없고 당신에게만 있는 것은 무엇인가?

건강을 준비하다

나는 건강을 위해서 약이란 약은 모두 먹는다!
건강은 건강할 때 준비하는 것이다.

잘 버리는 것도 능력이다

고스톱에도 버리는 순서가 있다!

첫째가 무엇인지,
우선순위가 무엇인지
알아야 한다.
그래야 잘 버릴 수 있다.
잘 버리는 것도 능력이다.

간디는 집착을 버리고, 권력을 버리고,
기득권의 특권을 버리라고 했다.
권력, 특권, 소유물에 집착한다면 리더로서
높은 도덕 수준을 유지하기 어려워지기 때문이다.

이제 당신이 버릴 차례다.

인생의 안내자

자동차를 운전할 때, 도로 표지판을 보고 내가 가야 할 방향을 찾아서 목적지에 도착할 수 있다. 가끔씩 내 인생에서도 표지판처럼 나를 바르게 안내해 줄 사람이 있었으면 좋겠다는 생각을 한다. 그리고 불평한다. '난 왜 그런 사람이 없을까?'라고.

지난 시절 내가 만나 왔던 사람들, 현재 만나고 있는 사람들을 떠올려 보라. 혹 그들이 나의 안내자이며 멘토는 아니었는지 자문해 보라.

인생의 안내자, 표지판은 없는 것이 아니다.
단지 내가 보지 못할 뿐이다.

이제 당신이 누군가의 멘토가 되라!

뭐야, 이 사람들?

마음의 눈

눈이 보이지 않는 사람의 가장 큰 소원은 세상을 보는 것이다.
일부에선 '개안수술'을 통해 세상을 볼 수 있는 기회를 제공해 주기도
한다.

선배가 가져온 안구 기증서에 서명하면서 '다른 사람의 눈으로 세상을
본다'는 것에 대해 생각하게 되었다.

'눈이 바뀌면 바라보는 세상도 달라질까?'

문제는 마음의 눈에 있다.

진실의 물구나무서기

내가 바로 서 있다는 의식을 물구나무서게 하면 그 의식은 뒤집혀진다. 물구나무선 의식으로 사물을 바라보면 큰 것은 작아지고, 작은 것은 커진다.

의식의 물구나무서기도 훈련으로 가능하다.
부자가 되는 방법이 궁금하면, 가난해지는 방법을 연구해 보라.
부족한 게 무엇인지 알려면, 내가 가진 것이 무엇인지 먼저 알아야 한다.
선택이란 나머지를 포기하는 것이다.

오래전부터 사람들은 지구의 상당 부분을 차지하는 바다에 수상 이착륙이 가능한 비행기를 만들려고 애썼다. 대부분 배에 날개를 달려고만 했다. 그들이 만든 배는 하늘로 날아오르지 못했다. 그러나 어니스트 스타우트는 상식의 물구나무서기를 하였다.

'배에 날개를 달지 말고, 비행기를 물에 띄우자.'

존 베케트는 "사람의 본성은 한쪽으로만 계속 몰고 가서 결국에는 벽에 충돌하고야 만다."고 했다. 지혜란 그 벽이 가까워 옴을 보고 조정하여 우리 삶을 너무 늦지 않게 균형 잡도록 하는 것이다.

세상과 사물을 삐딱하게 보지 말고, 그 이면에 감추어진 진실을 보는 물구나무서기를 하자.

분신 같은 Follower

1970년생으로 미국 이민 2세대인 피터 김은 1980년대 불어닥친 의류 업계의 불황으로 부도의 어려움을 겪고 있는 부모님 회사를 인수했다. 정장 중심의 제품을 캐주얼 중심으로 바꾸고 동양적 힙합 패션을 접목했다. 또한 띠별 동물 도안을 도입해 12지신을 디자인하고 각각의 설명서를 옷에 붙였다.

'패션계의 이소룡'이 되겠다는 그의 회사 쎄이미 케이는 '드렁큰 몽키'라는 브랜드를 출시한 뒤 연 매출 480억 원에 직원 80명의 회사로 성장했다. 그의 사무실 벽에는 이런 글이 붙어 있다.

'리드하든지, 따르든지, 아니면 꺼지든지 하라.'

남에게 절대적으로 복종해 보지 못한 사람은 남을 절대적으로 지배할 수 없다.
다른 사람을 이끄는 리더가 되기 위해선, 먼저 섬기는 법을 배워야 한다.
좋은 CEO는 좋은 Follower이다.

자신의 분신처럼 움직여 줄 Follower를 원한다면 먼저 본을 보여라!

성공 구경자

몇 해 전에 타 지역에서 멋모르고 창문이 없는 이발소엘 들어가게 되었다. 입구 쪽에 자리가 많은데도 40대 아줌마는 나를 구석으로 안내했다. 뭔가 분위기가 석연치 않다는 느낌을 받는 순간 커튼이 드리우고 이발이 시작되었다. 이발과 면도까지는 이상이 없었는데 갑자기 아줌마의 행동이 이상해지는 것이었다.

"아니, 아주머니. 뭐하시는 거예요?"

급하게 서둘러 머리를 감고 나오면서 태어나서 처음으로 이발비로 거금을 지불했다. 하마터면 큰일 날 뻔했다.

집에 돌아오니 아내가 하는 말,
"머리 잘 잘랐네, 자기 이제 거기 가서 머리 자르면 되겠다!"

나는 그 후 남성 전용 미용실만 다닌다.

블루클럽의 정해진 사장은 어느 날 '왜 남자가 여자 미용실에 가야 할까?'라는 의문이 들었다. 남자가 이발소를 가려니 이미지가 나쁘고, 여자 미용실에 가기도 불편하다. 그렇다면 남성들이 마음 놓고 갈 수 있는 미용실을 만들면 되겠다고 생각했다. 1998년 국내 최초의 남성 전용 미용실 블루클럽은 그렇게 등장했다.

번개머리

파도머리

21세기의 키워드는 창의력이다. 모두들 똑같은 불편을 느끼고, 보고, 듣지만 그것을 개선하고 사업과 연결시키는 사람은 소수에 불과하다. 결국 우리는 그들이 성공하는 것을 구경할 뿐이다.

아무것도 없는 곳에서 아이디어는 나오지 않는다!

천사머리

지도자와 지배자

장자는 우물 안 개구리와는 바다를 얘기할 수 없고, 여름 벌레와는 겨울의 눈을 얘기할 수 없다고 했다. 자신이 얼마나 얕고 보잘것없는지를 아는 자와 대도를 논의하라 했다. 자신의 생각에 갇혀 사는 사람이 되어서는 안 된다.

칭기즈 칸이 이끄는 유목민은 완전 개방사회였다.
외지인은 정보를 가져다주는 사람으로 환대하였다.
"안녕하십니까?"라고 묻는 대신에 "당신이 온 곳에서 무슨 일이 있었습니까?"라고 물었다.
지도자는 통치자가 아니라 진정한 리더였다.
칸이라 부르지 말고 이름을 부르라 했다. 스스로 기득권을 인정하지 않았다.
지도층과 국민들이 서로를 신뢰할 수 있는 열린사회가 되어야 한다.

열린 생각을 갖기 위해 먼저 해야 할 일은 다른 사람들이 당신의 의견을 이해하는 것이 아니라, 당신이 다른 사람의 의견을 이해하는 것이다.
자신이 느낀 것을 자유롭게 말할 수 있는 분위기를 만드는 것이다.

서로의 차이를 인정할 때 다르다는 것이
즐거움으로 다가온다.

사람은 두 종류가 있다.

멀 봐!

열린 생각 속에서 사는 사람,
닫힌 생각 속에서 사는 사람.

고통의 크기

웅진그룹 윤석금 회장은 1980년대 과외 전면 금지령이 발포되었을 때 '위기는 기회'라고 생각하고 고민하기 시작했다. 그는 교사가 학생을 직접 가르치듯이 녹음한 카세트테이프로 공부하면 효과가 있을 것이라고 판단하여 전국 유명 과외교사를 섭외하여 '헤임 고교 학습 테이프'를 개발하여 큰 성공을 거두었다.

IMF 때는 어려웠던 국내 환경을 감안하여 빌려 쓰는 정수기로 렌탈 사업을 시작하여 발상 전환의 힘을 보여 주었다.

모두 다 똑같이 어렵다.
사람들은 누구나 현재 자기에게 닥친
어려움이 가장 큰 고통인 줄 안다.

윤리

고등학교 2학년 윤리 시간이었다. 수업 시작 전 10분간 쉬는 시간에 친구들은 모두 전날 내 준 숙제를 베끼느라 정신들이 없었다.

숙제: 부모님과 상의하여 가훈 적어 오기

당시 난 학교 앞에서 자취를 하던 중이라 시골에 계신 부모님과 상의할 수가 없었다. 친구들은 정직, 성실, 근검절약 등의 가훈을 자기가 스스로 만들거나 여러 가훈 중 마음에 드는 것을 노트에 적어 숙제를 마무리했다. 나도 아무거나 적어서 숙제로 제출하려다가 다른 과목도 아니고 윤리라는 과목 때문에 마음에 걸렸다. '우리가 윤리를 배우는 목적이 무엇인가?' 나는 고민했다.
그날 난 67명의 학생 중에서 유일하게 숙제를 제출하지 않은 잘못으로 한 시간 동안 벌을 받았다.

아내는 나에게 말한다.
"사람이 왜 그렇게 고지식해요?"

그냥 그렇게 사는 방식이
내가 사는 방법이다.

공유

횡단보도에서 두 명의 아주머니와 두 명의 여학생이 이야기하는 것을 들었다. 아주머니들은 아이들을 좋은 학군에 어떻게 보낼 수 있을까 걱정하고 있었고, 두 여학생은 "중학교는 뭐니 뭐니 해도 교복이 예뻐야 해!"라며, 어느 중학교 교복이 더 예쁜지 심각하게 얘기하고 있었다. 서로의 관점이 달랐다.

날씨가 추워지면 닭은 나무 위로 올라가고,
오리는 물속으로 들어간다.
똑같은 추위에도 피하는 방법은 각기 다르다.

회사에서 목표를 제시하면 같은 목적에 도달하는 것도 직원에 따라 방법이 다르다.
길이 하나뿐이 아닌데 CEO가 자신의 방법을 고집하며 한 방법에만 매달리면 목표에 도달할 수 없을 수도 있다.

사람들이란 자기 생각, 그들 자신의 은밀한 자아 속에 형성된 생각 외에는 다른 누구의 생각도 따르지 않으려는 경향이 있다. 그러므로 올바르고 분명한 목표를 제시해 주고, 서로의 다른 점을 인정할 수 있는 분위기를 만들어 주어야 한다.

자기의 울타리를 낮추고 사람들을 만날 때 서로의 공유 면적이 커진다.

가볍고 간결하게

포드자동차 사장이 한국에서 출장 온 CEO와 면담하며 이렇게 말했다.

"왜 한국의 CEO들은 출장 갈 때 수많은 수행원들과 동행하는가? 홀로 운전하고, 영어로 대화하고, 스스로 서류 정리를 할 수 없는가?"

CEO가 되고 싶은가? 그럼, 몸에 붙은 것을 떨쳐 버려라.

실행: 행동은 마음속의
두려움을 치료해 준다

말이 아프다

중학교 때 자살 기도, 가출, 폭주족, 조직 폭력배의 아내, 술집 호스티스 등을 전전한 오히라 미쓰요는 어느 날 아버지 친구로부터 이런 말을 들었다.

"네가 길을 잘못 든 것은 네 탓만은 아니다. 그러나 너 자신을 내다버리고 사는 것, 다시 일어나지 않는 것은 분명 네 탓이다."

오히라 미쓰요는 이 충고를 받아들여 7년간 억척같이 공부해 변호사 시험에 합격했다. 이후 그녀는 비행 청소년 전문 변호사로 일하며 청소년을 선도하고 있다.

충고하는 사람과 싸우려 들지 말라.
열린 마음으로 받아들이는 사람이 되라.
충고를 받아들이지 못하는 것도 교만이다.

비난의 말이 아프다면, 그 말이 옳기 때문이다.

성공의 조건

"아빠, 오늘 수업 시간에 내가 우리 집 가훈을 만들었어!"
"그래! 뭐라고 했는데?"

우리 집 가훈은 '일단 시작하라'이다.
영어로 하면 'just do it', 나이키에서 흉내 내고 있다.

많은 사람들이 실패가 두려워 행동하기를 망설인다.
행동하지 않을 때 하는 질문은 "……을 할 수 있는가?"이고,
행동하고 있을 때 하는 질문은 "……을 어떻게 할 것인가?"라고 한다.

새로운 도전을 하려는데 두려움 때문에 망설여지는가?
두려움이 성공의 가장 큰 장애물임은 분명하다.
그러나 행동이 뒷받침되지 않으면 성공을 얻을 수 없다.

오늘 세 번의 실수를 하지 않았다면,
당신은 오늘 한 번도 새로운 것을 시도해 보지 않은 것이다.

- 캐럴 하이엇

나의 적

나의 적은 내 안에 있다.

사랑이란

사랑이란,
내게서 너의 이미지를 찾는 것!

울고 싶을 때 울 수 있다는 것

모임이 있어서 밤 12시가 다 되어서 집에 들어갔다. 두 아들 녀석은 자고 있고, 아내는 불을 꺼 놓고 나를 기다리며 드라마를 보면서 또 울고 있었다. 뭔 눈물이 그렇게 많은지?

"아니 또 울었어?"

난 어떤 면에서는 무서우리만치 눈물을 보이지 않는다. 그런데 아내는 정말 눈물이 많다. 결혼 초에 영화관에서 〈황비홍〉을 보다가 아내는 슬프다고 눈물을 흘렸다. 이연걸이 날아다니며 적들을 물리치는 통쾌한 액션을 보면서 '도대체 어떤 대목이 슬픈 거야?'라며 이해 못하는 나와는 반대로 영화 속 등장인물에 감정 몰입을 하는 아내. 내가 못 가진 부분을 가졌고, 나의 부족한 면을 채워 주는 아내가 고맙다.

일요일 교회에서 집사님 한 분이 눈물샘이 말라서 병원을 다녀왔다고 했다. 그때 생각했다.
'아! 눈물샘이 막혀 눈물이 나오지 않는 병도 있구나.'
오십이 넘어가면서 눈이 건조해서 인공 눈물을 쓰게 되면서 그 고통을 알게 되었다.

누군가 이런 얘길 해 주었다.

결혼을 앞둔 어느 날, 시어머니가 돌아가신 여인이 있었다.
그런데 눈물샘이 막힌 그녀는 울 수가 없었다.
시어머니 될 분의 죽음 앞에서 단 한 방울의 눈물도 흘리지 않는다고
그녀는 파혼을 당했다.

울고 싶을 때
울 수 있다는 것만으로도
행복할 수 있다.

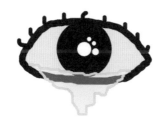

밝은 얼굴

하루는 아침에 출근을 했더니, 여직원이 가볍게 인사만 하고 별 말이 없더니 한참 후 이렇게 말했다.

"사장님 몸 안 좋으시죠?"
"어, 그래 보여?"
"얼굴에 '말 걸지 마'라고 쓰여 있어요!"
"ㅠㅠ"

링컨 대통령에게 내각에서 일할 어느 후보를 추천했다.

그러자 링컨은 "나는 그 사람 얼굴을 보기가 싫습니다."라고 했다.

"그러나 그의 얼굴에 대한 책임은 그에게 없습니다."라며 추천한 사람이 말했다.

그러자 링컨은 이렇게 말했다.

"나이가 마흔 살이 넘으면 자기 얼굴에 대한 책임은 자기 자신에게 있습니다."

결국 그 후보자는 탈락하고 말았다.

못생기고 주름진 얼굴이 문제가 아니라,
밝은 얼굴을 할 수 있는가, 없는가의 문제다.
밝은 얼굴을 하면 인생도 그만큼 밝아진다.

목표

칭기즈 칸은 글도 몰랐다. 그러나 그에겐 꿈이 있었다. 그 꿈을 민족과 공유했다.
회사의 비전은 CEO와 직원 모두에게 공유되어야 한다.
외적 환경 변화에 따라 비전이 바뀌어서는 안 된다.
비전의 공유란 함께 꿈을 꾸고, 함께 꿈을 실현해 가는 것이다.

시스코시스템즈의 존 챔버스 회장은 전체 스톡옵션의 40%를 직원들에게 할당하여 직원들 10% 이상이 백만장자가 되는 데 일조했다. 3% 이하의 이직률과 회사 일을 자신의 일로 여기는 직원들 덕분에 시스코시스템즈는 나스닥 총액 1위에 오르기도 하였다.

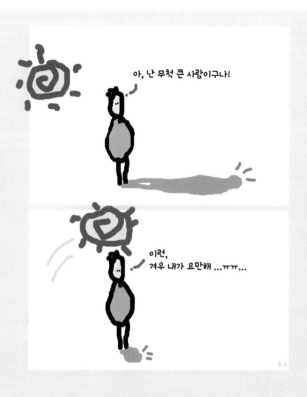

허영에 들떠 목표 아닌 다른 것에
정신을 쏟기엔 인생이 짧다.
목표를 정했으면 원칙을 굳건히
지키며 끊임없이 도전하라.
이루어질 때까지.

성공증후군

"성공한 사람들에게 가장 공통적으로 나타나는
신체적 증상은 무엇인가?"라고 의사들에게 물어보았다.

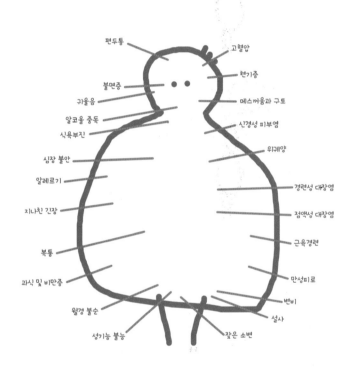

이 증상들을 보고도 성공하고 싶은가?
세상에는 공짜가 없다.

자기중심 벽

기업 경영자를 갉아먹는
가장 질이 나쁜 질병은 자기중심 벽이다.

여기 망치 하나를 공짜로 줄 테니
당신 스스로 쌓아 올린 벽을 깨뜨려라.
지금 당장!

속도보다 방향

방향을 결정하는 권한은 나에게 있다.
속도보다 방향이 중요하다.
목표가 명확해야 흔들리지 않는다.

클린턴은 고교 시절 아칸소 소년회의 회원으로 백악관을 방문했을 때
자신이 마치 소년회의 총대표인 것처럼 대통령에게 악수를 청했다. 빌
클린턴은 32세 나이로 최연소 주지사에 당선되었고, 1992년 제42대 미
국 대통령이 되었다.

미래의 꿈이 분명하면 분명할수록 현재에 충실하게 된다.

비전은 허황된 꿈과는 다르다.
삶의 이유, 살아가는 목적, 사명을 깨우쳐야 한다.
그러면 목표가 분명해지고 일이 즐거워진다.

현실을 바꾸려면 먼저
자기 자신이 추구하는 바를 알아야 한다!

실패 그리고 두려움

고등학교 때 좋은 대학 가 보겠다고 학교 앞에서 자취를 하였다. 어느 여름 장마가 계속되었다. 천성이 게을러서 모아 두었던 빨래를 한꺼번에 하였는데, 장마 때문에 도무지 빨래가 마를 기미가 보이지 않았다. 난 고민했다. '어떻게 하면 빨래를 빨리 말릴 수 있을까?'

그래서 전기밥솥 안에 팬티를 넣고 빈 밥통을 위에 얹은 후 뚜껑을 닫고 스위치를 올렸다. 속으로 기발한 생각이라고 감탄하면서.

30분 후, 난 타잔이 밀림 속에서 입던 것 같은 너덜너덜한 팬티 하나를 가지게 되었다.

양말 신은 타잔

대부분의 뛰어난 발상들은 그 시작은 보잘것없다.

스물일곱 살의 넥타이 판매원이었던 소피 머만은 어느 날 신고 있던 스타킹 줄이 나가는 일을 몇 번 겪었다. 흔하게 있는 일이었지만 스타킹 매장을 찾느라 한 시간 넘게 허비한 그녀는 한 가지 아이디어를 떠올렸다.
'그래, 양말 전문점을 내자!'
1983년 런던에 'Sock Shop'이라는 양말 전문점을 오픈한 이후 영국, 프랑스, 미국 등으로 매장을 확장하면서 세계 최대의 양말 전문점으로 성장하였다.

실패를 두려워 마라.
시도해 보지 않으면 무엇이 어떻게 돌아가는지 알 수 없다.

난, 이게 가장 중요해

99

나의 순위

여기 100가지 우선순위가 있다.

당신은 어떤 가치를 붙들고 살고 싶은가?

혹시 99번째 가치를 첫 번째 가치로 알고 사는 것은 아닌지 돌아보자.

프로 골퍼 그레그 노먼이 다 이긴 경기에서 역전패하고 난 후에 많은 것을 깨닫고 한 이야기가 있다.

"실패는 삶과 사람들에 대한 관점을 뒤바꿔 놓았다. 나는 이제 냉소적으로 될 필요가 없어졌다. 아내는 나에게 '여보, 당신이 진 것이 이겨서 그린 재킷을 입은 것보다 더 나을지도 몰라요. 이제 당신은 중요한 것이 무엇인지 알게 되었으니까요.'라고 했다. 나는 내가 그런 식으로 사람들의 마음을 움직일 줄은 정말 몰랐다. 그리고 희한한 사실은, 내가 경기에서 짐으로써 사람들의 마음을 움직일 수 있었다는 것이다."

웃음

모든 문제 해결의 기초는 내가 웃을 수 있느냐에 있다.
아내를 보고 웃을 수 있는가?
동료를 보고 웃을 수 있는가?
자녀를 보고 웃을 수 있는가?
친구를 보고 웃을 수 있는가?
......
웃을 수 있는가?

친하게 지내는 한국웃음연구소의 이요셉 소장은 직장 생활을 하던 시절 암 환자분들을 돕기 위해 웃음을 연구하게 되었다. 환자들에 대한 안타까움으로 시작한 일에서 웃음이 사람을 회복시키는 힘이 있음을 발견하고 나부터 먼저 웃어야겠다고 스스로를 실험하였다. 그는 미친 놈 소리를 들어 가며 혼자서 100일간 웃는 연습을 시작했다. 길 가다가, 집에서, 친구 앞에서, 지하철에서.

열심히 웃다 보니 웃는 일이 직업이 되었다.
웃음을 통한 내적 치료와 사람을 회복시키는 일을 위해 그는 오늘도 큰 소리로 웃는다.

당신의 밝은 웃음이 사람을 살린다.

가면 우울증

트루먼 대통령은 2차 세계대전 막바지에 뜻하지 않은 직책을 맡아 엄청난 스트레스와 긴장이 따랐지만 그는 피곤한 기색이 없었다. 누군가 그 비법을 물으니 "나는 마음속에 참호를 하나 파 두었네. 나도 군인들처럼 위험을 피해 기력을 회복하려고 가끔씩 그 참호에 들어가곤 하지."라고 했다.

요즘 서비스산업이 발달하면서 다른 사람의 감정을 위해 자신의 감정을 억누르는 직종에 근무하는 감정 노동자가 늘고 있다. 겉은 웃지만 마음은 침체의 늪에 빠지는 가면 우울증에 걸리기 쉽다.

자기 존중감을 높여야 한다.
쉼을 가져야 한다.

자신만의 참호를 만들자.
쪼그라드는 인생을 살 순 없다!

매일 당신을 쪼그라들게 만드는 것은 무엇인가?

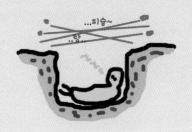

걱정과 톱니바퀴

일 때문에 피곤한 것이 아니다.
일은 건강에 좋다.
일이 아니라 고민과 걱정이 인간을 죽인다.

걱정은 톱니바퀴의 녹과 같다.
기계가 못 쓰게 되는 것은 회전하기 때문이 아니고 끊임없이 마찰하기
때문이다.

에머슨은 말했다.
"사람은 그가 하루 종일 사고한 그 자체이다."

당신은 걱정덩어리가 되지 말라.

시간 낭비

앤드류 매튜스는 이렇게 말했다.
"새벽에 일어나서 운동도 하고, 공부도 하고, 사람들을 사귀면서 최대한으로 노력하는데도 인생에서 좋은 일이 전혀 일어나지 않는다고 말하는 사람을 나는 여태껏 본 적이 없다."

하루가 다르고, 한 달이 다르고, 일 년이 다르고, 십 년이 다르다면 그 결과 또한 다를 것은 너무나 당연한 일이다.
어제도 낭비했는가, 오늘도 낭비했는가?
그러나 실망하지 마라.
내일은 아직 낭비하지 않았기 때문이다.

앞으로 자기 자신의 전부를 걸고 몇 년을 보낼 수 있을 것 같은가?

당신은 특별하다

마음: 말이 바뀌면
사고가 바뀌고
세상도 바뀐다

재고 조사

당신에게 모자라는 것은 무엇입니까?
당신에게 산처럼 쌓여 있는 것은 무엇입니까?

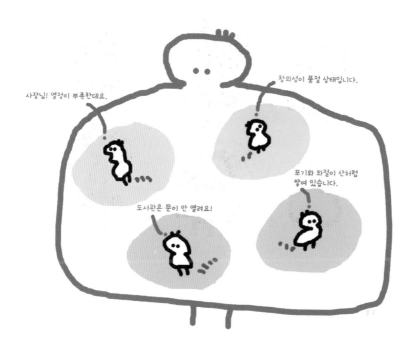

당신의 우선순위

다음 중 당신이 생각하는 우선순위는?

정답은 없습니다.
그러나 당신이 생각하는 우선순위대로 당신의 가정이 만들어지겠지요.
행복한 가정 되세요.

적성 = 방패

전 한국판매교육원 권오근 원장은 "난 영업이 적성에 안 맞아."라고 말하는 영업사원들에게 정신 자세에 대해 다음과 같이 강력하게 충고한다.

"성공한 사람들이나 위인들의 자서전을 아무리 찾아봐도 '난 실패하고, 고생하고, 고난스러운 게 적성에 맞아.'라고 말하는 구절은 어디에도 없습니다. 천성, 적성, 본성이란 말들은 역사적으로 고찰해 봐도 꼭 실패한 사람들이 많이 사용한다는 것을 알 수 있습니다. 적성이란 자기 스스로 껍데기를 만들어 뒤집어쓰고 다니는 방패에 지나지 않습니다."

자신의 적성이 무엇인지 발견하지 못했다면,
노력에 의해 적성은 얼마든지 바뀔 수 있다.

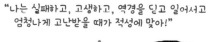

"나는 실패하고, 고생하고, 역경을 딛고 일어서고
엄청나게 고난받을 때가 적성에 맞아!"

마음속의 괴물 vs 정신 속의 괴물

우리는 누구나 정신적 괴물을 키우고 산다.

아내와 다툰 사소한 일, 회식 자리에서 생긴 별 볼일 없는 일, 사업상의 실패, 자녀에 대한 기대치와 실망 등 우리가 다루기에 따라서 온순한 양이 될 수도 있고, 엄청난 파괴력을 지닌 괴물로 자랄 수 있는 일들이 도처에 널려 있다.

비틀스의 존 레논은 말했다.

"나는 모든 것을 믿는다. 그것이 틀렸다고 증명되지 않는 한 믿지 않을 이유가 없다. 그래서 나는 동화와 신화를 믿고, 용의 존재도 믿는다. 그 모든 것이 존재한다. 비록 내 정신 속에서만 존재하지만!"

1971년 존 레논은 사람들이 무모한 환상이라고 말하는 꿈을 자신의 정신 속에서 키웠다. 그 꿈은 다음과 같다.

"나는 엘비스보다 위대한 가수가 되겠다."

꿈을 키우느냐, 괴물을 키우느냐는
주인 하기에 달려 있다!

귀머거리 인간

마음을 연다는 것은
타인을 받아들인다는 의미이기도 하며,
새로운 환경과 변화에 적극적으로
대응하는 자세이기도 하다.

다른 사람이 내 인격 깊숙이 들어와 거기서 말하고,
나의 마음을 만져 볼 수 있도록 해야 하고,
그에게 나의 모든 것을 보여 줄 수 있는
깊은 관계가 필요하다.

그래서 마음을 열고 받아들인다는 것은 고통을 동반한다.
그 고통을 피하고자 스스로 귀머거리가 되지는 말자.

긍정의 씨앗

미국인 대천덕(Ruben Archer Torrey Ⅲ) 신부님이 1965년에 강원도 산골에 예수원을 세우고 들어가자고 했을 때 현재인(Jane Torrey) 사모님이 물으셨다.
"왜 우리가 한 번도 가 본 적이 없는 광야로 가야 하지요?"

신부님이 대답하셨다.
"그런 곳이 아니면 도대체 어디서 당신이 그렇게 그림 그리기 좋은 경치를 얻을 수 있겠어?"

새로 얻은 사무실이 전철역에서 10분 정도 걸리는 언덕 쪽에 있었다.
평소 걷기 싫어하는 직원들이 있어서 사전에 이사 갈 장소를 답사한 나
는 직원들에게 이렇게 말했다.
"새 사무실 장소 너무 좋아. 특히 퇴근할 때 내리막이야!"

많은 사람들이 '안 돼!'라는 씨앗을 심어 놓고 좋은 결과의
열매를 따려고 한다.
열매를 얻으려면 처음부터 긍정의 씨앗을 심어야 한다.
우리의 일생은 우리의 사고에 따라 만들어진다.
같은 말이라도 나와 남의 마음속에 긍정적이고 낙관적인 미
래를 그릴 수 있는 단어를 사용하라.

어떤 말더듬이 세일즈맨에게 영업하기 힘들겠다며 사람들이 걱정의 말
을 했다. 그러자 그가 말했다.
"내가 걱정을 안 하는데, 남이 왜 걱정을 합니까?"

말도 습관이다.
말이 바뀌면, 사고가 바뀌고 세상이 바뀐다.

리더의 입술

지하철역에서 정말 아리따운 아가씨를 보았다. 청순가련하며 여성스러움이 가득한 그 아가씨가 휴대폰에 대고 이렇게 얘기했다.

"야, 어디야? 통로에 사람이 좆 나게 많아!"

〈잠언〉에 "미련한 자라도 잠잠하면 지혜로운 자로 여기우고, 그 입술을 닫히면 슬기로운 자로 여기우느니라."라는 구절이 있다. 말을 많이 하면 실수한다는 의미이다.

벤 존슨은 "언어는 그 사람 됨됨이를 가장 잘 보여 준다."고 하였다. 말에는 영혼을 깎아내리는 말과, 영혼을 채워 주는 말이 있다.

리더가 되려는 사람은 커뮤니케이션을 잘해야 한다.
말로써 비전을 전달해야 한다.
리더의 말 한마디가 행복을 만든다!

말 한마디

방황하는 불량소년이었던 토머스 모너헌은 그를 믿어 주는 베라다 선생님 때문에 세계적인 피자 회사 도미노피자의 창업주가 될 수 있었다. 그는 방황하는 청소년에게 이렇게 외친다.

"나는 당신을 믿습니다. 그러니 힘을 내십시오."

나를 믿어 준다는 그 말!
그 말 한마디가 사람을 살립니다.

수의

수의에는 주머니가 없다!
아무것도 못 가져간다.

식구라는 이름으로

모처럼 일찍 퇴근을 하니 아내가 "부침개 먹을래요?"라고 물었다. 원래 밀가루 음식을 좋아하는지라 아내가 차려 준 부침개를 맛있게 먹으며 아내를 칭찬할 생각으로 이렇게 얘기했다.

"맛있게 했네. 음식 솜씨가 많이 늘었는걸!"

그러자 아내는 이렇게 말했다.
"당신 엄마가 한 거예요."
ㅠㅠ

어렸을 적 한번 길들인 입맛이 결혼한 지 13년이 되어 가는데도 그대로 남아 있다. 하물며 성격과 습관이야……. 인간은 참 변화가 힘든 동물이다.

《전쟁과 평화》를 쓴 세계적인 대문호 톨스토이는 부인의 바가지를 견디다 못해 1910년 10월 눈 오는 날 밤 80세의 나이에 집을 뛰쳐나와 어느 이름 모를 역에서 숨졌다. 그의 마지막 소원은 "아내를 가까이 오지 못하게 하라."였다.

가장 존경받는 대통령인 링컨도 25년간 비참한 결혼 생활을 했다. 신혼 시절 아내는 화가 나서 마시고 있던 뜨거운 커피를 남편의 얼굴에 끼얹었다. 주변 사람들이 보는 가운데 링컨은 말 한마디 없이 꾹 참아야 했다. 그러나 그녀의 잔소리는 링컨을 변화시키지 못했다. 링컨은 출장을 나갈 때면 모두들 집으로 돌아가는 주말에 6개월간이나 집에 돌아가지 않고 홀로 지내기도 했다.

평범한 사람들이나 위인들이나 결혼 생활은 비슷한 것 같다. 가끔씩 아내와 다툴 때 내가 결혼의 무덤을 파고 있지는 않나 섬뜩할 때가 있다. 고객이나 직원 앞에서는 부드럽게 말하면서 집에서는 아내에게 난폭하고 생각 없이 말하고 있지는 않나 반성해 본다.

우리에게 가장 가슴 아픈 말을 퍼붓는 것은 타인이 아니라 집안 식구임을 명심하자.

쓰레기

네덜란드의 한 도시는 쓰레기 때문에 골머리가 아팠다. 벌금을 올리자는 제안에 두 배로 벌금을 올려 보았지만 아무 효과가 없었다. 그때 한 사람이 "쓰레기를 버리면 벌금을 받지 말고 거꾸로 상장을 주자."고 제안했다.

사람들의 아이디어를 추가하여 제품 개발을 시작했다. 그래서 쓰레기를 버리면 칭찬의 말이나 우스갯소리가 나오는 쓰레기통을 도시에 설치하였다. 시민들의 반응은 폭발적이었다.

어떻게 하면 고객이 움직일까?
어떻게 하면 직원이 움직일까?

지금 당신이 사용하는 방법이 강압적이지는 않은지 돌아보라.
힘으로는 사람을 움직일 수 없다.

나를 평가하는 법

톰 행크스 주연의 영화 〈캐스트 어웨이〉에서 페덱스사는 직원, 사무실 그리고 무인도에서 극적으로 탈출하는 주인공이 끝까지 희망을 품고 보관하는 온갖 상자를 제공하였고, 사장까지 카메오로 출연하였다. 페덱스의 창업자 프레더릭 월러스 스미스가 1965년 예일대학 재학 중에 썼던 논문 중 일부 내용이다.

"사회가 갈수록 서비스 중심으로 변하며, 기술이 점점 더 지배적 요소로 자리 잡음으로써 서류나 소화물을 신속하고 정확하게 전달하는 일이 많은 수요를 일으킬 것이다. 그러므로 서비스의 속도와 효과를 높이려면 자체 밴 차량과 비행기 편대를 확보해서 한 곳의 허브(hub)를 중심으로 이용해야 한다."

논문은 C학점을 받았다. 모두가 안 된다고 했지만 그는 이 아이디어를 버리지 않았다.
스미스는 익일 택배 사업을 개발했고 페덱스는 종업원 15만 명의 회사로 성장했다.

내가 나를 평가하는 정도에 따라
사람들이 나를 평가한다!

오늘과 10년 후

골프 천재 소녀 위성미는 열다섯 살 때 《LA타임스》와 한 인터뷰에서, "만약 프로로 전향한다면 타이거 우즈에 준하는 대우를 받아야 한다. 내 몸값은 1억 달러 이상이어야 한다."며 자신의 가치에 대해 스스럼없는 평가를 내렸다.

당신의 몸값은 얼마입니까?

오늘 당신이 하는 일이 10년 후 당신의 몸값을 결정합니다.

착한 말

회사에서는 착하게 말하고, 가정에서는 못되게 말하는 당신!
당신은 말이 통하는 사람입니까?

사랑을 제대로 받지 못하면 가슴속에 응어리진 상처로 남습
니다.
잔소리로는 사람을 변화시킬 수 없습니다. 총에 맞은 상처는 치료할 수
있어도 사람의 말에 맞은 상처는 결코 아물지 않습니다.

먼저, 칭찬과 격려로써 상대방을 인정합시다.

장애의 벽

장애의 벽은 우리 앞에 있는 것이 아니라
바로 우리들 머릿속에 있다.

스티븐 스필버그는 "당신은 50세나 되었는데도 마음이 항상 젊을 수 있는 비결은 뭡니까?"라고 묻는 기자에게 말했다.

"저는 제 다섯 아이들과 많은 시간을 보내면서 젊은 시절을 다시 삽니다. 그리고 남이 보면 지나칠 정도의 상상력이 있는데, 이게 저를 도와주는 최대의 원군입니다. 가장 중요한 요소는 전 정말로 하루하루를 긍정적이고 낙관적으로 살아갑니다. 아침에 일어나면 오늘은 또 어떤 좋은 일이 일어날까, 가슴 벅차게 기다려져요."

당신은 아침에 일어날 때 지겹게 느껴지십니까?
아니면 즐겁게 느껴지십니까?

내 속의 사랑

황영조를 키우기 위해 강릉까지 다섯 번도 더 찾아간 사람.
스카우트 조건으로 황영조를 대학에 보내기 위해 자존심을 다 버린 사람, 정봉수!

그는 대학 입학 담당자에게 이렇게 말했다.
"정 그렇다면 바꿉시다."
"바꾸다니, 무얼요?"
"이건 내 딸의 이 대학 합격증입니다. 내 딸의 합격을 취소해도 좋으니 황영조를 특기생으로 받아 주시오."

마라톤 연구를 위해 일본어를 독학으로 마스터했고, 한국 마라톤의 역사를 다시 쓸 수 있는 기초를 마련했건만 매체에 황영조는 있어도 정봉수는 없었다. 그러나 그의 가슴엔 마라톤에 대한 꺼지지 않는 사랑이 불타고 있었다.

당신 속엔 어떤 종류의 사랑이 남아 있는가?

지식보다 상상력

내가 어렸을 때 군 체육대회가 해마다 열렸었다. 그때 참가한 선수단 가운데 면인지 읍인지는 잘 기억나지 않지만 '지보'라는 이름의 지역이 있었다.

체육대회에 참가하기 위해서 모두들 모자를 주문해서 쓰고 왔는데, 동네 이름을 사람들이 좌에서 우로 읽어야 하는데 우에서 좌로 읽는 바람에 망신을 당하게 되었다. 체육대회가 끝나고 동네 청년들이 회의를 하였다.

"이러다가 동네 망신 톡톡히 당하겠다. 뭔가 대책을 세우자."

이듬해 군 체육대회에 참여한 그들의 모자에는 세로로 이렇게 쓰여 있었다.

지
보

대문호 생텍쥐페리는,
"내가 어떤 사람에 대해 알고자 하는 것이 있다면 그것은 그 사람이 어느 정도로 법률을 잘 지키는가가 아니라 그의 창의력이 어느 정도인가에 대한 것이다."라고 말했다.

아나톨 프랑스는 창의력에 대해 이렇게 말했다.
"지식은 전혀 중요하지 않다. 상상력이 가장 중요하다."

창의성이란 우리 자신을 새롭게 창조하는 것이다.

자신감

미국 경량 철강 빔 시장의 60%를 점유한 PACO 철강의 백영중 사장은 사업 초기에 자신의 제품이 없어 생산자에게 기업이 좌지우지되어야 하는 어려움을 겪었다. 그는 자신만의 제품을 만들고자 결심했다. 음료수 캔을 편 후 알루미늄 판에 볼펜으로 주름을 만드니 강도가 훨씬 세졌다. 이 원리로 주름잡이 빔을 특허출원했다.

일본 스미토모사 기술자들이 "교과서에 나오지도 않는데 어떻게 아느냐?", "기존 공법 이론에 없으니 가짜다."라고 반박했다.
이에 백영중 사장은 "도대체 교과서 이론은 누가 만든 거냐? 사람이 만들지 않았냐? 새 기술이 나오면 교과서를 바꿔야지, 가짜라고 하면 되느냐? 그렇게 쉬운데 왜 당신들은 수십 년간 생각도 못했는가? 발상이 간단하다고 효과가 없는 게 아니다."라고 설명했다.

백영중, 그의 가슴엔 자신감이 있었다.

당신 가슴속엔 아직도
분노, 불평, 불만, 좌절이 들어 있는가?

창조: 목표가 분명하다면
꿈은 이루어진다

두려움 vs 재능

바이러스와 해커에 안전한 컴퓨터는 전원이 꺼져 있는 컴퓨터뿐이다.

두려움 때문에 재능을 잠재워 두시겠습니까?

휴지통 비우기

부정적인 생각이 들 때는
당신 마음속 휴지통에 망설이지 말고 버리십시오.

미련 때문에 꽉 찬 휴지통을 못 비우고
버려야 할 쓰레기들을 줄줄이 끌고 다니지는 않으십니까?

신발 속 모래알 하나를 그냥 두면 양말이 구멍 나거나 발바닥에 물집이
생깁니다.
조그마한 부정적 생각이 우리를 낙담하고 실패하게 만듭니다.

비틀스의 폴 매카트니는 그룹 해체 당시 이런 고민을 했다고 합니다.

'내가 다시 작곡할 수 있을까?'
'내가 다시 노래 부를 수 있을까?'
'실직한 베이스 연주자를 사람들이 원할까?'

폴 매카트니는 자신을 낮추고 겸손하게 일에 집중하여 위기를 극복하였습니다.

꿈이 크면 감정에 휩쓸리지 않습니다.
큰 그림을 그리면, 보다 쉽게 당신의 휴지통을 비울 수 있습니다.

나에게 주어진 기회

평생 동안 "나에겐 기회가 주어지지 않았다."고 하소연하는 사람들을 주변에서 많이 보았다. 그들은 어째서 자신이 아무런 업적을 남기지 못했는지, 여러 가지 핑계로 자신을 합리화하는 데 시간을 보내고 있다.

캐나다의 실업가이며 《아들에게 주는 30통의 편지》를 쓴 킹슬레이 워드는 "이들도 기회의 도전장을 받았을 때에는 대개의 경우 승리할 수 있는 조건이 갖추어져 있었다. 다만 도전에 맞서서 일어설 용기가 없었을 뿐이다."라고 했다.

인생의 위대한 목적은 지식이 아니고 행동이다.
기회는 똑같이 온다. 당신이 움직이지 않을 뿐이다.

주5일 근무제가 정착되는 것을 보고 어떤 CEO는 직원들에게 이렇게
말했다.

"저 사람들은 모두 돈을 벌기 위해 서둘러 일자리로 향하고, 금요일 오
후부터는 그 돈을 쓰기 위해 바삐 움직일 것이다. 우리는 그들에게 좋
은 제품과 서비스로 돈 쓰는 방안을 만들어 주자."

기회는 똑같이 온다. 없으면 만들어라.

글로벌 사회에서 살아남는 법

성주그룹 김성주 회장은 급속한 변화의 속도와 인터넷의 보급으로 국경이 없어지고, 다문화권이 형성된 현대사회에서 살아남기 위해서는 글로벌화해야 한다고 말한다.

그녀는 세계화하자고 많이들 말하지만, 세계화란 한국 안에서 밖을 쳐다보는 것이므로 좁은 땅 안에서 싸우려 들지 말고, 세계 속에서 한국을 바라보는 글로벌화한 시각을 가져야 한다고 강조한다.

그러기 위해서는 100명이 하던 일을 혼자서 하는 21세기 지식사회에서 요구하는 인재를 키워야 하고, 자녀에게도 돈과 사업체를 물려주지 말고 기업가 정신을 물려주어야 한다.

난, 우물형 인간이야!

김성주 회장은 딸에게 이렇게 말했다.

"엄마는 너에게 돈이나 회사를 물려주지 않을 거야. 네가 전문인이 되어 돈을 벌면 엄마 회사를 사렴. 엄마는 네게서 창업의 신나는 경험을 뺏고 싶지 않단다."

당신은 세계인인가, 한국인인가?
아니면 어느 지역 동민인가?

고정관념의 틀

우리는 종종 더 좋은 제3의 선택이 있는데도 불구하고
스스로 정한 한계 속에 갇혀 버릴 때가 많다.

서울대 공대생 800명 중 유일한 여학생이었던 김진애는 "여자라서 힘
든 것 없으세요?"라는 질문을 수없이 들었다. 그녀는 반문한다.
"'여자여서 좋은 점, 다른 점은 어떤 것이냐'고 왜 묻지 않는가."라고.

1924년 미국 연방 법률이 피임용품을 금지하자 콘돔을 생산 · 판매하고
있던 메릴 영 사장은 이를 역이용했다.
'이건 절대 피임용품이 아닙니다. 성병을 예방하는 기구일 뿐입니다.'

고정관념의 틀 속에서 해답을 찾으려 하지 마라.

당신이 원하는 미래

색소폰 연주자 대니 정은 고등학교 1학년 때 처음으로 색소폰을 접하게 되었다. 친구들의 멋진 모습을 보고 배우고 싶다고 했더니 친구들은 이렇게 말했다.

"너무 늦었어. 이제 와서 이걸 하겠다고?"
"난 초등학교 때부터 시작했는데, 이제는 안 돼."
"넌 못할 거야. 불가능해!"

동양인 대니 정은 미국 학교에서 노래도 못하고, 운동도 못하고, 공부도 못해서 따돌림을 받고 있었다. '나도 잘하는 게 있을까.'라고 고민하면서 머릿속으로 색소폰을 가지고 교회에서 멋지게 연주하는 자신의 모습을 그려 보았다.

미래의 멋진 자신의 모습을 떠올리자, 그때부터 평범한 인생에 특별한 일이 시작되었다.

대니 정은 색소폰을 시작한 지 1년 만에 학교에서 열리는 색소폰 경연대회에서 1등을 했다. 버클리 음대에는 장학생으로 들어가게 되었고, 발매한 음반은 아메리카 빌보드 차트에 랭크되었다.

불가능하다고 생각했던 일의 시작은 단순했다.
자기가 원하는 미래의 모습을 먼저 떠올려 보라.
그리고 행동하라.

단 한 명의 응원

미국 뉴욕 브루클린의 가난한 가정에서 태어난 마이클 조던이 프로 농구단에 들어가고 싶어서 시카고 공항에 도착했을 때, 그는 경기장까지 갈 차비가 없었다. 조던은 지나가는 택시를 세우고 사정을 얘기했지만 그 누구도 자신을 알아주지 않았다. 돈 없고 인상 험악한 흑인을 누가 태워 주려고 하겠는가?
그때 한 택시 운전기사가 조던의 모습을 불쌍히 여겨 경기장까지 태워 주면서 이렇게 말했다.

"시카고를 위해 좋은 경기를 보여 주세요. 제가 당신의 첫 번째 팬이 되겠습니다."

훗날 조던이 성공하여 그 택시 기사를 찾아 만남이 이루어졌다. 그때 조던은 이렇게 말했다.

"사람들은 저에게 시카고 경제를 움직인다고 말합니다. 그러나 저를 움직인 단 한 사람이 있습니다. 그분은 시카고의 한 택시 운전기사였습니다."

당신은 무엇으로 움직이는가?
당신은 무엇 때문에 움직이는가?
당신을 움직이는 사람은 누구인가?

뛰기 전에 앞을 보라!

인생은 단거리 달리기

200m, 400m 신기록을 보유한, 세계에서 사장 빠른 사람 마이클 존슨! 그는 자신의 기록을 1초 남짓 단축하기 위해 10년이란 세월이 걸린 이유를 이렇게 설명한다.

"성공은 많은 사람들이 생각하는 것보다 훨씬 작은 부분에서 얻어집니다. 200m에서는 100분의 1초가, 400m에서는 10분의 1초가 세상에서 가장 빠른 사람을 결정합니다. 때때로 우리는 위대함과 평범함, 그리고 성공과 실패를 거의 구분할 수 없을 정도의 아슬아슬한 삶을 살아갑니다. 사람들은 때때로 인생을 마라톤에 비유하지만 저는 오히려 인생은 단거리 달리기와 같다고 생각합니다. 오랜 기간 동안의 힘든 노력은 짧은 순간에 결판이 납니다. 그 짧은 순간 동안 우리에게는 혼신의 힘을 다해 달릴 수 있는 기회가 주어지는 것입니다."

기회가 주어졌을 때 땅만 쳐다보고 있어선 안 된다.

명확한 목표는 눈에 보이는 것을 그리고,
눈에 보이지 않는 것까지도 보이게 만든다.
당신은 결승점이 보이는가?

노력하지 않은 꿈

"아빠, 어렸을 적 꿈이 뭐였어요?"
"응, 과학자가 되는 거였지!"
"뭐하려고요?"
"그때는 로보트 태권 V를 만들려고 했지!"
"근데, 아빠. 사람들은 왜 어렸을 적 꿈을 못 이루지요?"
"그건 노력을 안 해서야, 노력을!"
"그럼, 아빠도 노력을 안 했네요?"
"……음!"

이 녀석 말솜씨가 많이 늘었군.

어!
그런데
내 꿈은 어디로 갔지?

왜, 화난 표정이지?

아이디어 훈련

아들의 학교 숙제를 보면서 이런 생각을 했다.

"연호야, 주어진 종이 안에 정해진 그림을 그려 넣을 수 있게 되었을 땐 넌 어른이 되어 있을 거야. 아빠는 네가 고정관념의 틀 속에 머물러 있지 않기를 바란단다."

일본 소프트뱅크 손정의 사장은 미국 유학 시절 창의력을 개발하기 위해 각각의 단어가 적힌 수많은 종이들을 상자에 넣은 뒤 매일 두 개씩 뽑아 새로운 상품을 만드는 아이디어 훈련을 하였다. '시계와 닭이라는 단어를 뽑으면 닭 울음소리가 나는 자명종을 만들자'는 식으로 말이다. 그 결과 1년에 250개의 아이디어를 생각했고, 오늘날 그를 있게 한 전자 번역기도 이 과정에서 나왔다.

당신의 아이디어를 고정관념이라는 틀 속에 가두지 마라.
지금 두 개의 단어를 뽑아서 새로운 상품을 만드는 훈련을 시작하라.

안 되는 이유

더 많이 가진 당신의 미래가 불안해 보이는 이유는 뭘까?

기업 컨설턴트 아타라미 무사미는 "인생이란 인간이 그 마음속에 그린 대로 되는 경향이 강하다. 어른이 된 현재 당신의 모든 환경은 좋든 나쁘든 과거에 당신이 그리던 결과이다. 그러므로 지금 그리고 있는 당신 미래의 모습은 거의 확실하게 미래의 당신이다. 현재 부정적인 사고밖에 할 수 없다면 미래도 대부분 실제로 그렇게 된다."고 했다.

현재가 달라야 미래가 달라진다.
오늘 내 행동을 바꿈으로써 나의 미래를 바꿀 수 있다.

실제 여자고등학교와 남자고등학교의 급훈 입니다.

예정일

분만 예정일은 있다.
그러나 사망 예정일은 없다.

시간 있을 때 열심히 살자. 열심히 사랑하자.

"죽기 전에 마지막으로 하고 싶은 얘기가 있는가?"라는 질문에 소크라
테스는 이렇게 말했다.
"닭 한 마리 빌린 것 있는데 그것 좀 갚아 주시오."

비록 철학자는 아니지만 우리는 공부하기 위해 태어난 것이 아니다.
돈 벌기 위해서, 일하기 위해서 태어난 것도 아니다.
그러나 무식하면 내 인생이 다른 사람에게 피해를 준다.
가난하면 주변 사람들에게 짐이 된다.

고인

우리는 사랑하기 위해서 태어났다.
다른 사람을 사랑하기 위해선 배워야 하고 강해져야 한다.
내가 강해져야 남에게 영향을 줄 수 있다.
그것이 당신이 열심히 살아야 하는 이유다.

이름 외우기

미팅이 있어서 거래처에 갔더니 전 직원들이 사람들 이름을 외우느라 분주하게 오가고 있었다.

갑자기 회사가 확장되면서 직원 수가 30여 명이나 늘어나자, 경영진에서 '이름 많이 알아맞히기' 행사를 시작했기 때문이었다.

내가 대학 졸업 후 첫 직장에서, 신입사원 교육을 마치기 3일 전에 교육부에서 각자 어떤 부서에 배치될지 미리 통보해 주었다. 난 사보 팀에 부탁하여 내가 가게 될 부서와 부서원들의 소개가 나온 사보를 구할 수 있었다. 그때부터 3일 동안, 한 번도 보지 못한 선배들의 얼굴과 이름을 모두 외웠다. 배치 받은 부서로 출근한 첫날, 인사를 나누며 난 이렇게 말했다.

"홍길동 선배님! 안녕하십니까."

"지겨운 주임님! 반갑습니다."

김말숙
홍길영
박갑동
지겨운
…
…

주의할 것 – 어떤 사람의 이름만 안다고 해서 그 사람의 전
부를 안다고 말할 수는 없다. 사랑과 정이 오가는 돈독한 친
분 관계, 동료애는 서로가 노력해서 만들어 가야 한다.

조문하는 법

어떤 사람이 상갓집에 가게 되었다. 절을 두 번 하고 난 후 상주와 맞절을 하고 어떤 말을 해야 할지 몰라서 당황하고 있다가 결국 한마디 했다.
"안녕하세요."
그날 어찌나 혼났는지 잊을 수가 없다고 한다.

나도 직장 초년 시절에 친구 할아버님 장례식에 참석했다가 뭐라 딱히 드릴 말씀이 없어서 그냥 고개만 계속 숙이고 있었던 기억이 있다.
그래서 장례식장 입구에 '조문하는 법'이라는 간판을 만들어 두면 어떨까 생각해 보았다. 아니면 상주가 찾아 주신 손님들에게 감사의 뜻으로 한쪽에는 '저희 아버님 빈소를 찾아 주셔서 감사드립니다.'라는 문구와 조문하는 법을, 뒷면에는 지하철 안내도를 넣어 준다면 받은 사람들이 유익하게 사용할 수 있을 것이다.

가장 좋은 방법은 학교에서 가르쳐 주면 되는데…….

회사에 새로 들어온 신입사원들이 가장 먼저 받는 교육은 '인사하는 법'이다.
기본에 충실한 학교교육이 되었으면 좋겠다.

좋아서 하는 것

공부가 즐겁지 않은 아이들!
좋은 대학 가기 위해 억지로 하기 때문이다.
일이 즐겁지 않은 어른들!
먹고살기 위해 억지로 일하기 때문이다.

즐거운 공부, 일을 즐겁게 하기
위해서는 비전이 있어야 한다.
절실한 필요성을 느껴야 한다.

처음엔 주어진 반복적 학습을 하다가
나중에는 스스로 찾아서 할 수 있도록
해야 한다.
그리고 좋아하는 과목에 집중하고
자기 적성에 맞는 직업을 찾아야 한다.

귀환

스물네 살 때 세계 헤비급 챔피언이 된 조지 포먼은 도전자 무하마드 알리에게 가장 극적인 역전패로 챔피언을 빼앗겼다.

포먼은 은퇴 후 성직자가 되어 죄수와 청소년을 상담하는 목회 활동을 하며 10년 동안 권투계를 떠나 있었다.

1987년 복귀 당시 몸무게는 40파운드나 과체중이었으며, 복서의 기질도 없어지고 성격은 낙천적이 되었다. 그러나 1994년 43세의 나이인 그는 챔피언인 마이클 무어를 때려눕히고 생애 세 번째 세계 헤비급 챔피언 자리에 올랐다.

그 후 사업가적 수완을 발휘하여 그릴 기구 회사인 샐턴사로부터 2002년에 현금과 주식을 포함하여 1억 7350만 달러를 받았다.

실패와 고난에서 일어나 성공하는 당신이 되라.
나이는 숫자에 불과하다.

진주조개

코카콜라 개발자 펨버턴은 콜라 제조법을 헐값에 양도했다.
그의 아들은 자살했으며, 아내는 궁핍하게 살다가 죽었다.

어떤 사람은 가슴에 진주를 품고도
그 가치를 모르고 산다.
어떤 사람은 남의 진주를 잘 포장하여
자신의 것으로 만든다.

기회를 포착하는 사람이 돈을 번다.

혹, 당신에게 진주가 있는지 살펴보라.

진주조개야!
넌, 자신 속의 상처를 성숙시켜서
모든 사람들에게 빛을 발하는
소중한 진주를 만들어 내는구나!

왜, 사람들은 자기 입장에서만 생각하지?
조개인 나한테는 진주가 아무런 소용이
없는데......단지 아픔일 뿐인데......
진주가 없어도 좋으니 안 아팠으면 좋겠다!

어느 날 제가 벤처기업을 하다 망해서 회사 기업체 CEO의 차라도 몰아 볼까 해서 모 건설회사에 이력서를 냈습니다.

먹고살기 위해서 CEO의 운전기사를 해보겠다는 생각이었습니다. 그런데 참 이상하게도 대부분 비서진에서 다 걸러지는데, 그 건설회사 사장님께서 저에게 직접 전화를 했습니다. 제 이력이 이상했던 모양이에요.

"최윤규 씨, 당신 이력서를 보니까 좀 특이한테 내가 하나 물어보겠습니다. 당신은 운전기사의 정체성이 무엇이라고 생각하십니까?"

그 얘기를 듣고 제가 얘기했습니다.

"운전기사의 정체성은 운전을 잘하는 것이지요."

그랬더니 그분이 전화기에 대고 이렇게 말했습니다.

"기업체 오너의 차를 모는 운전기사의 정체성은 운전이 아닙니다. 진정한 운전기사의 정체성은 눈감고 입 닫고 귀 막고 오로지 평생 동안 차를 모는 것입니다. 그런데 내가 당신 이력을 보니까, 당신은 벤처기업을 했었고 앞으로 기회가 되면 또 사장이 되겠다고 나갈 테니, 당신의 정체성은 운전기사가 아닙니다."라고 말하고는 전화를 끊는 겁니다.

그러니까 그분은 자기처럼 아주 작은 단계에서 실패와 성공을 거듭하는 제 처지가 너무 딱해 분명한 정체성을 알려 주기 위해서, 제가 어떤 사람인지 가르쳐 주기 위해서 일부러 전화를 주셨던 것입니다. 그 얘기를 듣고 많이 깨달았습니다.

'나는 누구일까?'
'나의 정체성은?'
'내가 잘하는 것은?'

인디밴드 '장기하와 얼굴들'의 장기하 씨가 이런 말을 했습니다.
"흰 조약돌 밭에 흰 조약돌 하나를 툭 던지면 아무 의미가 없다. 그런데 검은 조약돌 하나를 던지면 그림 전체가 완전히 바뀐다. 나는 검은 조약돌이 되고 싶었다."

나를 안다는 것은 세상의 기준을 좇아가는 것이 아니라 내 마음의 기준을 좇아가는 것입니다.
그런 사람들이 많아지는 세상을 꿈꾸며, 당신과 나부터 검은 조약돌이 되어 봅시다!

물속의 물고기도

목
마
르
다